KB178603

직학

직학

일의 본질에 집중하라

강경철 지음

프레너미
FRENEMY PUBLISHING

차례

0 프롤로그 / 7

1 불편한 현실의 진실들 / 17

2 새로운 패러다임의 시작 / 25

3 120%, 150,% 30%의 법칙 / 41

4 당신의 주특기는 무엇인가? / 51

5 숫자를 외우고 의미를 부여하라 / 59

6 다시 열공하자 / 69

7 리얼 버라이어티 / 79

8 시작이 반이다 / 93

9 시뮬레이션의 힘 / 101

10 메모광 / 109

11 관계론 / 119

12 누가 나를 평가하나? / 133

13 에너지와 혼 / 141

14 메일학 개론 / 151

15 아무도 알려주지 않는 일 잘하는 비법 / 165

16 보고-직장인의 의무이자 기회 / 179

17 해외 출장 가서 노는 방법 / 189

18 제대로 갑질하기 / 201

19 리더가 되기 위한 준비 / 209

20 에필로그 / 223

0

프롤로그

대학 졸업 후 해외에서 공부를 마치고 2003년 당당히 지금의 회사에 합격했습니다. 들뜬 마음으로 첫 출근 날을 기다리던 어느 날, 문득 다음과 같은 질문들이 머릿속을 채워갔습니다.

과연 회사에 가면 하루 종일 무엇을 할까? 보고서를 작성하고 가끔은 팀원들끼리 모여서 미팅이나 프레젠테이션도 할 것이고 또 영화에서처럼 캐리어를 끌면서 멋지게 외국으로 출장도 가게 되겠지. 하지만 매일같이 출장을 가지는 않을 것 같고 도대체 하루 종일 회사에서는 무엇을 하면서 지내는 것일까? 왜 저렇게 직장인들은 아침 일찍 출근해 밤늦도록 야근을 하고, 심지어 어떤 사람들은 주말에도 회사에 나가서 일을 할까? 공장에서 일하면서 컨베이어 벨트가 돌아가는 생산 라인 속에서 어떤 새로운 제품을 만들어내거나 조립하는 것이라면 이해가 되는데, 사무실에서 근무하는 직장인들은 하루 종일 무슨 일을 하기에 저렇게 바쁘게 살면서도 스트레스가 쌓인다고 불평을 할까?

사회생활, 직장생활은 꼭 입사한 후 닥쳐서만 경험하고 배워야 하나? 대학을 들어가기 위해서는 책도 많이 보고 각종 학원에 과외공부까지도 하는데, 그보다 훨씬 더 어렵고 중요하다는 직장을 위해서 사람들은 얼마나 준비를 하고 입사를 하는 것일까? 공부의 신, 핵심노트 등 수험생들이나 학생들을 위한 유용한 공부비법들은 많이 소개되고 공유되어 있는데, 성공적인 직장생활을 위한 방법이나 가이드 같은 것도 대학이나 고등학교 시절부터 조금씩 배우고 준비할 수 있다면 나중에 직장에서 겪는 시행착오를 줄이고 더 빨리 적응해 더 좋은 성과를 낼 수 있지 않을까?

수많은 젊은이들이 취업의 문이 너무 좁아 고민인데, 막상 기업에서는 실질적으로 활용 가능한 인재가 부족하다고 하는 건 왜일까? 이런 불균형 현상은 우리 사회의 취업준비라는 것이 학점, 토익이나 토플 점수 그리고 몇몇 적성고사라고 불리는 필기시험에만 치중되어 있어서 그런 것이 아닐까? 아직까지도 주입식, 암기식 교육이라는 느낌을 지울 수 없는 우리 교육의 현실에서, 나는 그리고 우리는 직장이라는 것에 대해 충분히 알고 준비한 다음 직장생활을 시작하는 것일까?

그렇게 어렵게 들어간 직장을 불과 몇 년도 지나지 않아서, 심지어 1년도 채 되지 않아 그만두고 이직을 하는 것은 왜일까? 단순히 적성이 맞지 않아서라고 할 수도 있겠지만, 그보다는 자기가 지원하는 직장에 대한 이해가 부족하고 하는 일에 대한 준비가 부족해서가 아닐까? 수많은 젊은이들이 공무원이 되려고 국어, 영어, 역사 그리고 각종 법률들만 달달 외워서 시험을 보고 있는데, 그 시험만 통과하면 우리나라의 존경받는 공무원이 되어 행복하게 사회생활을 하게 되는 것일까?

나는 이런 질문들과 궁금증들을 품고 직장생활을 시작했고, 이제 직장생활을 시작한 지 어언 15년이 되어갑니다. 그동안 나는 시행착오를 겪으면서 아쉽거나 어려웠던 부분들, 그리고 시간이 지나 간부가 되고 임원이 되어서 후배, 동료들에게 알려주기 위해 평상시 일의 프로세스를 적어 두거나 아이디어가 떠오를 때마다 메모를 하면서 나만의 직장생활 노하우, 일 잘하는 비법들을 정리했습니다. 덕분에 한때 나는 회사에서 '신입사원 제조기'라 불리기도 했습니다. '직학職.學'이라는 제목으로 이 책을 집필하게 된 계기도 나의 이런 질문들, 그리고 회사에서 후배들을 지도하면서 비롯되었습니다.

나와 똑같은 과정을 겪게 될 후배들을 위해, 또 비슷한 고민을 하고 있거나 하게 될 많은 이들에게 조금이나마 도움을 주기 위해 시작된 것이지요.

불과 얼마 전까지만 해도 대부분의 사람들이 집 앞에 있는 밭이나 논에서 농사를 지으면서 살았습니다. 농사는 일이자 삶의 일부분이었습니다. 어릴 적부터 아버지와 형, 누나들과 함께 일을 하면서 성장하고 직접 눈과 몸으로 일을 터득하고 숙련되어갔습니다. 아버지를 포함한 가족들이 처음부터 끝까지 모든 과정을 알고 해내야 했으므로 아버지라는 존재는 집안의 가장이자 일을 가장 잘 알고 잘하는 선생님이자 조교였습니다. 그러나 사회가 점점 복잡해지면서 언제부터인가 우리는 집에서 멀리 있는 직장이라는 낯선 곳으로 출근이란 것을 하게 되었고, 더 이상 부모는 직장이나 일에 대해 우리에게 가르치거나 알려줄 수 없게 되었습니다.

사회생활을 시작하기 전까지 우리는 집에서보다 학교와 학원에서 더 많은 시간을 보내왔지만, 입사한 후부터는 직장에서 훨씬 더 많은 시간을 몸담으면서 일을 하게 됩니다. 그토록 일생에서 중요할 뿐만 아니라 대부분의 시간을 보내는 직장생활이지만 체계적으로 준비를 하지 않은 채로 맞습니다. 어느 누구도 학교에서 '직학職學'이라는 과목을 체계적으로 배워본 적이 없지요. 그렇다고 평생 직장에서 일했던 우리 아버지들조차 직장에 입사하려는 아들과 딸들에게 어떻게 준비하고 어떻게 해야 직장생활을 잘할지 말해주지 못합니다. 시중에 나와 있는 비슷한 주제의 책들을 보더라도 막상 따라 하려고 하면 무엇을 어찌해야 할지 모르는 단순한 철학적 미사여구들의 나열이기 일쑤입니다. 그래서 이 책이 누구나 쉽게 이해하고 실제로 취업을 준비하는 학생들부터 사회 초년생, 기업체 간부들까지 공감하고 따라 할 수 있는 행동지침서 또는 일종의 교과서가 되기를 희망합니다.

나는 책을 전문으로 쓰는 사람이 아니기 때문에 글이 다소 서툴고 부족합니다. 하지만 이 책을 여러분이 직장생활 하는 내내 눈에 잘 띄는 곳에 두고 수시로 펼쳐보기를 자신있게 권합니다. 이 책을 통해 진급을 잘하고 월급을 더 많이 받는 방법을 알려주지는 못하지만, 어렵고 힘들 수밖에 없는 직장생활을 조금이라도 더 즐겁고 남보다 조금은 더 슬기롭게 적응하는 데 소중한 길잡이가 되어줄 수는 있을 것입니다.

물론 아직까지 구체적인 직장에 대해 들어보지 못했거나 접해본 경험이 없는 학생이라면, 혹은 아직 경험이 적은 신입사원이라면 당장은 책의 일부 내용이나 글이 와 닿지 않을 수도 있습니다. 그것은 내 설명이 부족한 탓일 수도 있고 아직 여러분이 유사한 상황에 맞닥뜨려보지 않아서일 수도 있습니다. 나 또한 10년쯤 지나서야 겨우 직장이라는 것에 대해 조금이나마 돌아보고 이해하기 시작했으니 당연합니다.

이 책을 지금부터 항상 곁에 두고 형광펜으로 밑줄도 긋고, 포스트잇도 붙여가면서 직장생활의 교과서로서 활용하십시오. 여러분 가까이에 책이 있다면 어느 순간 다시 펼쳐보게 될 것이고, 그때는 아~! 하는 탄성과 함께 남의 얘기로만 여겨졌던 책의 내용들이 모두 자신의 상황과 너무도 일치할 테니까요. 자신만의 체크리스트도 만들어 책의 내용 대비 현재 본인의 수준을 점수 매겨보고 추가로 보완하거나 해야 할 것들을 정리하고 실천해보십시오.

아직 부족하지만 이 책은 직장에 관한 체계적 학문, 직학의 기초입니다. 무엇을 어떻게 준비하고 노력하면 조금 더 성공적인 직장생활을 할 수 있는가에 대한 총론이고 개념서이지요. 따라서 총론에서 모두 다루지 못하는 디테일과 기술적인 부분을 뒷받침해줄 수 있는 메모장 쓰는 방법, 보고서 작성 요령, 커뮤니케이션 기술 communication skill, 시간관리법, 협상의 기술 등에 관한 책들도 함께 보면 더 풍요로운 실천이 가능할 것입니다.

마지막으로, 이 책의 내용들을 당신의 머리가 아닌 가슴으로 느끼고 생활화하고 습관화하기를 강권합니다. '習'(익힐 습), '慣'(익숙할 관)자로 이루어진 '습관'은 국어사전에 "여러 번 되풀이함으로써 저절로 익고 굳어진 행동"이라고 풀이되어 있습니다.

운전도 초보 시절 누구에게 배워서 어떻게 습관을 들였는지가 평생 자신의 운전 습관, 자세가 됩니다. 책과 머릿속에서만 둥둥 떠다니는 지식과 조언이 아닌, 당신의 몸으로 받아들이고 습관화하십시오. 의식적이고 억지로 하려고 하는 실천이 아니라 자신도 모르게 저절로 그렇게 하고 있는 습관이 되길 바랍니다.

성공한 사람들은 단지 성공하는 습관을 가진 사람들일 뿐이다.

— 브라이언 트레이시Brian Tracy

성공하는 습관이 쌓여 일정 수준을 넘어서게 되면 누구나 성공적인 삶을 살 수가 있다.

— 사이먼 솜라이Simon Somlai

우리나라 100대 기업이 원하는 인재상 S. U. P. E. R.

대한상공회의소가 2013년 국내 매출액 상위 100대 기업을 대상으로 조사한 결과를 보면, 기업들은 함께 일할 인재상으로 전문성Specialty, 창의성Unconventionality, 도전정신Pioneer, 도덕성Ethicality, 주인의식Responsibility을 갖춘 슈퍼맨SUPER을 원하는 것으로 분석되었습니다. 도전정신을 꼽은 기업이 88개사로 가장 많았고 이어 주인의식 78개사, 전문성 77개사, 창의성 73개사, 도덕성 65개사 순으로 나타났습니다.

100대 기업이 원하는 인재상 보고서

제조업		금융보험업		도소매업		건설업		운수업		기타 서비스업	
도전정신	92.3	전문성	90.5	주인의식	90.9	도전정신	85.7	도전정신	100.0	도전정신	81.3
창의성	76.9	도전정신	85.7	도전정신	81.8	주인의식	85.7	주인의식	83.3	전문성	81.3
주인의식	74.4	주인의식	76.2	도덕성	72.7	도덕성	85.7	전문성	83.3	열정	81.3
전문성	74.4	열정	76.2	창의성	63.6	창의성	71.4	창의성	83.3	창의성	75.0
팀워크	66.7	창의성	66.7	전문성	63.6	팀워크	71.4	팀워크	66.7	주인의식	75.0
도덕성	64.1	도덕성	61.9	열정	63.6	전문성	57.1	글로벌 역량	66.7	글로벌 역량	68.8
열정	61.5	팀워크	52.4	팀워크	54.5	열정	28.6	도덕성	50.0	팀워크	68.8
글로벌 역량	53.8	글로벌 역량	52.4	글로벌 역량	36.4	글로벌 역량	28.6	열정	33.3	도덕성	62.5
실행력	25.6	실행력	28.6	실행력	0.0	실행력	0.0	실행력	16.7	실행력	25.0

| 출처 상공회의소 2013. 4. |

1
불편한 현실의 진실들

오랜만에 두 명의 대학 동기가 만나 이야기를 나눕니다.

"너 이번에 좋은 직장에 취업했다면서? 축하해."

"글쎄, 처음 입사했을 때는 너무 기쁘고 모든 것을 다 잘할 수 있을 것 같았는데, 아직까지도 적응이 안 되고 적성에도 좀 맞지 않는 것 같아 다른 곳을 알아봐야 하나 고민 중이야."

"하긴 나도 나름대로 회사에서 열심히 일한다고 생각하는데 상사들은 맨날 뭐라고 하고 어떻게 해야 할지 잘 모르겠어."

"학교 다닐 때는 공부하는 게 그렇게 싫어 빨리 졸업했으면 했는데, 오히려 그때가 더 행복했던 것 같아."

그렇게 둘은 헤어지고 그중 한 명이 집으로 돌아가 은퇴하신 아버지에게 고민을 의논합니다.

"아버지는 일이 힘들지 않으셨어요? 이제껏 평생 몸 바쳐 일하셨던 직장생활에 만족하시나요?"

"만족은 무슨, 너 대학 보내고 가족들 먹여 살리려고 마지못해 출근하고 일했던 거지."

같은 시간 다른 한 명은 직장에서 나름 성공했다는 선배를 만나 소주를 한잔하면서 묻습니다.

"선배님, 어떻게 해야 선배님처럼 일을 잘하고 성공할 수가 있습니까?"

"성공? 성공은 무슨…… 눈 딱 감고 시키는 대로 죽어라 일하는 수밖에 없지. 적당히 눈치도 보면서, 술자리에는 빠짐없이 가서 아부도 좀 하고 그래야지. 근데 나 얼마 전에 회사 그만두고 식당 하나 차렸어……."

오랫동안 노력해 이것저것 스펙을 만들고 좁은 취업관문을 통과한 직장인들의 약 3분의 1이 왜 1년도 되지 않아 직장을 떠나는 것일까요? 어쩌면 직장이란 곳은 들어가기도 무척 힘들지만 자신의 의지만으로는 오랫동안 다닐 수가 없기 때문일지도 모릅니다.

직장이 어렵고 힘들다고 막연하게 고민만 해서는 절대 문제가 해결되지 않습니다. 무엇보다 이 같은 현상의 저변에 있는 속성을 제대로 파악해야 합니다. 그럼으로써 문제가 무엇인지 명확해질 때 우리는 그것을 해결하는 현명한 방법을 찾을 수가 있습니다.

이 책의 목적은 앞에서도 언급했듯이, 직장과 일이라는 것에 대

근속기간별 임금근로 일자리

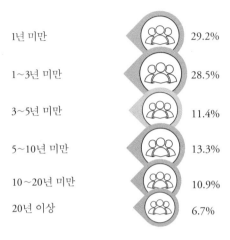

1년 미만	29.2%
1~3년 미만	28.5%
3~5년 미만	11.4%
5~10년 미만	13.3%
10~20년 미만	10.9%
20년 이상	6.7%

| 출처 통계청 |

하여 조금이라도 일찍, 그리고 가능한 한 많이 알고 충분히 몸으로 준비하도록 하는 것입니다. 어떤 것에 대하여 그것을 알고 미리 준비한 사람과 그렇지 않은 사람과는 접근하는 방식에서부터 차이가 있을 것입니다. 뿐만 아니라 어떠한 문제가 닥쳤을 때 그것을 바라보는 시각은 물론 문제를 풀어나갈 때 마음의 여유 또한 크게 다를 수밖에 없습니다.

학교에서는 시험과 성적이라는 잣대가 있어서 스트레스를 주기도 하지만 그것을 통해 정기적으로 자신의 위치를 확인하고 뒤돌아보면서 자극을 받게 되기도 합니다. 그 틀이라는 것을 따라가는 것이 답답하기도 하지만, 반대로 생각하면 학교나 선생님이 지도해주고 시키는 것만 열심히 하면 됩니다. 하지만 그러한 잣대와 틀이 사회에는 없습니다. 여러분 스스로가 기준과 목표를 세워 자신의 현재 수준을 주기적으로 확인하고, 모자라면 뛰어가는 스스로의 장치를 가지고 있어야 합니다.

직장인들이 가장 많이 말하는 단어 중 하나가 권태 혹은 무기력이라고 합니다. 아마도 그것의 원인은 유사한 업무의 반복일 것입니다. 아무리 적성에 맞는 일일지라도 다람쥐 쳇바퀴 돌듯 무한 반복하게 된다면 피로감을 느낄 수밖에 없습니다. 더 나쁜 것은 일에 파묻히다 보면 내가 일의 주인이 아닌 노예가 된다는 사실입니다. 여러분에게 그러한 권태와 무기력함이 닥쳤을 때 그것을 극복할 수 있는 힘과 가치는 무엇인가요? 직장이라고 하는 인생에서 가장 중요한 집을 짓는 데 있어 당신이 준비해 둔 기초는 충분히 튼튼해 그 무게를 버틸 수 있는지 숙고해보십시오.

충청도 청주에 가면 '한땀봉제사업단'이 있습니다. 60세 이상의 어르신들이 간편한 옷, 에코 백, 베개 덮개 등을 재봉틀로 만드는 곳입니다. 월급이 많지도 않고 하루 종일 실을 가지고 일을 하다 보면 눈도 피로하고 손도 많이 아프다고 합니다. 젊은이들은 한 개를 가르치면 두세 개를 스스로 터득하지만, 이들은 두 개를 배우면 오히려 다른 한 개를 잊어버린다고 합니다. 하지만 그들은 말합니다.

"여기서 일하는 재미로 산다."

"사람들과 함께 일하다 보면 건강도 좋아지고 아픈 것도 덜 한 것 같다."

"이곳에서 일을 하면서 보람을 찾는다. 이런 좋은 시간이 어디 또 있겠는가?"

이렇게 자신의 직장 자랑을 늘어놓는 어르신들의 얼굴에는 웃음과 미소가 가득합니다. 어떤 사람들은 이직을 고민하고 있을 때 이분들은 즐겁게 말합니다. 다닐 수 있는 한 끝까지 이곳으로 출근하고 싶다고. 여러분들에게도 지금의 직장이 이렇게 아름다운 곳이고 동료들을 만나면 기분이 좋아지는지요?

일이란 어려움이 없을 수 없고 직장생활이 결코 쉽지만은 않지만, 사람은 일을 하지 않으면 살아갈 수가 없습니다. 비단 경제적으로 문제가 생기기 때문만은 아닙니다. 일은 삶을 지속하기 위한 조건이며 의무이기도 하지만, 자신의 능력을 나누고 펼침으로써 자아실현을 가능하게 하는 삶의 조건이며 권리이기도 합니다. 훗날 직장을 떠나 창업해 성공을 하려 해도 그동안 직장에서 배우고 익힌 지식이나 경험이 필요할 수밖에 없습니다. 또 새로운 직장으로 이직을 하더라도 떠밀려서 나가는 것이 아닌, 더 좋은 조건과 충분한 대접을 받으면서 당신을 모셔 가게 만들려면 현재의 직장에서도 최고의 위치와 가치를 가지고 있어야만 가능할 것입니다.

이것이 우리의 현실입니다. 어렵지만 몸담아야 하고 잘해야만 하는 것. 당신의 인생에서 다른 무엇보다 중요한 위치를 차지할 수밖에 없는 일과 직장. 이제부터 조금 더 근본적이고 구체적인 질문들에 대한 답을 하나하나 찾아가보도록 하겠습니다. 힘들다고 그냥 포기하거나 묻어가는 것이 아니라 조금 더 적극적으로 극복하기 위해, 쫓기듯 허덕이는 것이 아니라 내가 주인이 되어 스스로 통제하고 직장 및 동료들과 하나가 되어 잘해 나갈 수 있기 위해 무엇을 준비해야 하고 어떻게 해야 하는지 말입니다.

우리의 인생이 그렇듯 남을 따라만 해서는 절대 성공하거나 행복해질 수가 없습니다. 나에게 맞는 자신만의 직장생활법을 찾아야 직장이 편하고 보기 좋은 옷과 삶이 될 수가 있습니다.

1. 당신은 직장과 일이라는 것에 대하여 얼마나 많이 알고 있습니까? 그리고 어떻게 준비하고 있나요?

2. 당신이 얼마나 미리, 얼마나 많이 준비하느냐에 따라 직장이라는 성을 높이 그리고 튼튼히 쌓기 위한 든든한 기초작업이 되어줄 것입니다.

2

새로운 패러다임의 시작

고등학교 시절 여러분은 왜 공부를 했나요? 대부분의 사람들이 좋은 대학을 가기 위해서였다고 대답할 것입니다. 그럼 왜 좋은 대학을 가야 하나요? 학문에 대한 갈증과 심도 깊은 연구 때문이라고 말하는 사람도 분명 있을 테지요. 하지만 아마 대부분은 좋은 직장에 들어가기 위해서라고 답할 것입니다.

　그럼 왜 좋은 직장에 들어가야 하고, 왜 일을 해야 하나요? 더 많은 월급과 명예, 가족부양, 생계유지라는 답들이 예상되는데, 질문을 조금 바꿔서 "여러분이 앞으로 하려고 하거나 또는 현재 하고 있는 일과 직장이 당신에게 어떠한 의미를 가지나요?"라고 묻는다면 본인의 의지에 따라 창업을 하지 않은 대부분의 사람들은 선뜻 답을 하기가 어려울 수도 있을 것 같습니다.

패러다임의 전환

그동안 여러분은 자기 자신만을 위해서 학습과 일을 했지만 직장에서는 다릅니다. 회사와 동료, 팀, 고객, 즉 본인이 아닌 다른 사람들을 위해 일하고 또 그들과 함께 더불어 일해야 합니다. 이것은 패러다임의 전환이라고 할 만큼 우리에게 전혀 익숙하지 않고 근본부터 다른 엄청난 변화와 차이라고 할 수 있겠습니다.

더 이상 학교에서 일방적으로 하는 수업과 강의를 단순히 듣는 것이 아닌, 회의석상에서 본인의 의견을 하기 싫어도 거의 의무적으로 말해야 하고, 칸막이가 있는 도서관에서 내가 1등이 되기 위해 혼자 열심히 공부하는 것이 아니라 회사와 사무실이라는 오픈된 공간에서 동료들과 함께 회사와 팀의 성과를 위하여 함께 노력하고 협동해야 합니다. 개인의 시험성적과 등수는 이제 더 이상 큰 의미를 가지지 못하고, 대신 회사의 실적과 매출 그리고 이익이 당신을 평가하는 가장 중요한 잣대와 기본이 됩니다. 본인이 돈을 내고 무엇인가를 배우는 대신 회사로부터 월급이라는 보상을 받지만, 가기 싫고 힘들어도 정해진 시간에 회사에 출근을 해서 충분히 일을 하고서야 퇴근을 할 수가 있습니다.

이 새로운 패러다임은 여러분이 직장이라는 곳을 다니는 동안에는 싫어도 받아들이고 적응해야 하는 체계와 규칙이기 때문에, 이 변화와 차이점을 충분히 이해하고 올바르게 적용하는 것이 성공적인 직장생활을 하기 위한 첫걸음이라고 할 수 있습니다. 더 이상 본인 자신이 아니라 상대방 중심으로 생각의 무게중심을 바꾸어야 하고, 박경철 씨가 쓴 책 제목처럼 당신 스스로의 혁명과 변화를 위한 사고의 전환과 노력이 필요하겠습니다.

왜 일을 해야 할까요?

10년 지기, 직장에게

직장, 너를 만난 지도 벌써 10년이 지났구나.

너를 만나기 위해 무수히 많은 시간을 인내하며 준비했고

긴 기다림 끝에 드디어 너를 만날 수 있게 된 그날

너는 나에게 넘치는 행복과 자부심을 선물해주었지.

그런 너에게 나 역시 아무런 대가를 바라지 않고

그저 너와 함께 오랫동안 같이하리라 다짐했었다.

그렇게 너에게 기대어 네가 주는 혜택 속에서 우린 단짝이

될 수 있었지.

물론 가끔은 너보다는 주말이 더 기다려지기도 하고

가족들과의 연휴 후에는 다시 너에게 돌아가는 것이

귀찮을 때도 있었다.

더욱이 언제 네가 갑작스럽게 결별을 선언할까 두렵기도 하고

너의 투정에 지칠 때는 내가 먼저 배신하는 상상도 해보지만

나와 너는 절대 떨어지지 않을 운명이라는 것을 믿기에,

우리의 더 나은 10년을 위하여

나는 오늘 아침에도 너를 만날 준비를 하고 있단다.

비록 10년을 다닌 직장이지만 늘 고민과 갈등으로 힘들어하는 심정을 표현한 글입니다. 당신은 왜 일을 해야 하고, 일과 직장은 당신에게 어떠한 의미를 가지나요?

고 정주영 회장의 유명한 일화가 있습니다. 정 회장은 회사에 출근할 때 항상 소풍 가는 기분으로 다닌다고 했다고 합니다. 그런 그

에게 하루는 기자가 "항상 즐거울 수는 없잖습니까? 심각한 문제가 쌓여 있을 때도 소풍 가는 기분으로 회사에 출근하기는 어려울 것 같은데요?"라고 물으면 "난 그런 문제들이 결국 풀리게 될 때 만족해할 순간을 상상하면서 회사로 출근합니다."라고 답했다고 합니다.

흔히 말하는 제2의 가정, 집이라는 직장을 쉽게 생각하는 대로 단순히 돈을 벌기 위해서만 다닌다면, 그동안 피나게 고생하면서 해왔던 공부나 앞으로의 삶에서 과연 의미를 가질 수 있을 것이며, 더욱이 얼마만큼의 만족과 행복이라는 것을 찾을 수가 있을까요? 또 아무리 피아노를 좋아하는 사람이라도 그것을 돈을 벌기 위한 수단이라고만 생각한다면 즐기면서 연주할 수 있을까요?

고하마 이쓰오는 『가족을 생각하는 30일』이라는 책에서, "만약 모든 사람이 평생 일하지 않고도 살 수 있는 세상이 온다면, 과연 아무도 일을 하지 않을까? 나는 그렇게 생각하지 않는다. 많은 사람들이 여전히 일을 통해 길을 찾고 의미를 발견하며 끊임없이 일할 것이다."라고 했습니다.

곰곰이 생각해봅시다. 교과서에서 배웠던 기업의 역할에서도 정의되는 것처럼 당신이 회사에서 열정을 쏟아부어 생산한 우수한 제품 또는 서비스가 시장에서 판매되고 있다면, 그 제품과 서비스를 통해 당신은 많은 사람들에게 그리고 우리 사회에 즐거움을 주고 기여를 하고 있는 것입니다. 또 그 제품과 서비스를 만들어내기 위해 당신의 회사가 협력업체들로부터 인력, 자재, 원료 등을 주문하고 공급받고 있다면, 당신은 그 협력업체에 근무하는 또 다른 직장인들에게 일과 일자리라는 아주 중요한 기회와 가치를 제공하고 있는 것입니다.

더욱이 이윤을 목적으로 하는 사기업이 아니라 국가와 국민을 위해 일하는 공무원이라면 그 사회적 책임이나 봉사라는 의미는 더욱 중요할 것이고, 중요한 제도나 법률을 제정하고 적용함으로써 국민들의 권리를 보호하고 불필요한 규제라는 대못을 걷어냄으로써 다른 많은 기업들과 그 관련 종사자들에 더 많은 혜택과 기회를 제공하는 소중한 일을 하고 있는 것입니다.

다시 말해, 우리 모두는 일과 회사를 통해 작지만 우리 사회와 이웃들을 위해 매일같이 기여하고 있는 것입니다. 이렇듯 일에 대한 자부심, 의미와 보람을 조금씩 발견하면서 생활한다면 하루하루가 더욱 소중하고 즐거울 것입니다. 또한 더욱 열심히 일할 수 있는 원동력이 될 것입니다.

'이네이블링 더 퓨처Enabling the Future 프로젝트'를 들어보셨는지요? 보통 사람들에게는 너무 쉽고 당연한 것이지만 전 세계에는 무언가를 잡는 것이 쉽지 않은 어린이들이 상당히 많다고 합니다. '이네이블링 더 퓨처'는 이러한 어린이들에게 '로보핸드'라는 쉽게 말해 의수義手, artificial arm를 전달하는 일을 합니다. 각 분야의 전문가들이 자발적으로 이 프로젝트에 참여하여 의수를 설계하고 3D 프린터로 제작해 필요한 사람들에게 무료로 제공한다고 합니다. 이 로보핸드를 설계하고 만들고 운반하고 있는 사람들에게 일이란 어떤 의미일까요? 그들은 어떤 동기로 이 일을 시작하게 되었을까요?

　일은 궁극적으로 숭고한 나눔이며, 우리는 그것을 대부분 직장을 통해 시작합니다. 우리는 각자의 직장에서 우리 이웃과 사회 그리고 가족을 위해 매일같이 유용한 일을 하며 유무형의 가치를 창출하고 있는 것입니다.

　어쩌면 직장생활을 잘하는 특별한 비법은 없을지도 모릅니다. 다만 현재의 일과 회사에서 충분한 의미와 보람을 찾는다면, 그렇지 못한 사람들 그리고 무턱대고 회사의 간판만 보고 입사한 사람들보다 더 열심히 일할 수 있는 에너지를 가지게 될 것입니다. 그 과정 속에서 자연스럽게 주변 사람들로부터 인정과 신뢰를 받게 될 것이고, 그러면 자동적으로 성공한 직장인, 행복한 직장생활이 될 것입니다.

　회사와 일에 대한 의미와 가치를 찾았다면 그 의미를 당신의 꿈과 연결해 그 범위를 더 확장하고 목표로 만들어보십시오. 성과와 보상, 진급 중심이 아닌.

　'이런 제품을 만들면 사람들의 생활이 더 편해지겠지?'

　'어떻게 하면 제품의 단가를 더 낮춰서 소비자들의 부담을 줄일 수 있을까?'

　'우리 회사의 수출이 늘면 더 많은 달러를 벌어들일 수 있게 되어 나라 경제가 풍요로워지겠지?'

　'복잡한 규제를 현실에 맞도록 그 절차를 간소화하면 기업하는 사람들이 훨씬 편해지겠지?'

　이러한 꿈과 목표를 가지고 직장생활의 마스터플랜Master Plan을 만들어보십시오. 매달 그리고 매년 하나씩 하나씩 달성해 나간다면 회사생활에서 의미를 찾는 것은 물론 성취감도 느끼면서 더 많은 즐거움을 갖게 될 것입니다.

어떤 사람은 콜라가 몸에 좋지 않은 탄산음료에 불과하다고 할지 모르지만, 코카콜라나 펩시에 다니는 직원들은 그 제품을 통해 지구의 모든 사람들에게 행복과 즐거움을 주고 있다고 자부하면서 일을 하고 있습니다. 세계에서 가장 일하기 좋은 직장이라고 불리면서 직장 내 각종 편의시설은 물론 오락실, 당구장까지도 있다는 구글의 직원들도 그러한 회사의 복지나 혜택보다는 더 즐겁고 나은 세상을 만든다는 자부심으로 일을 한다고 합니다.

건강 = 직장 성공 = 우주.

조금은 엉뚱한 방정식이지요? 직장을 통해 이웃과 사회에 기여하고 있지만, 무엇보다 우리가 일을 하는 것은 자신과 가족들을 위한 것입니다. 그런데 어떤 사람들은 직장 때문에 스트레스를 받고 건강이 안 좋아지기도 합니다. 흔히 "돈을 잃으면 조금 잃는 것이고, 명예를 잃으면 많이 잃는 것이고, 건강을 잃으면 모두를 잃는 것과 같다."라고 말합니다. 우리의 평범한 일상생활이 행복하려면 그 일상의 반대지만 전체적으로는 상당한 부분을 차지하는 직장생활이 순조롭고 원만해야 하고 동시에 그것이 일상을 침범해서도 안 됩니다.

우리는 우주에 대해 얼마나 큰지, 그 끝이 어디인지조차 상상할수가 없습니다. 그 큰 우주 안에 작은 태양계가 있고, 그 작은 태양계

안에 그보다 훨씬 작은 지구와 태양이 공전과 자전을 하며 움직입니다. 그 지구, 지구본을 보면 우리나라는 또 얼마나 작은가요? 그중에 보이지도 않을 만큼 작은 것이 사람, 그런 존재가 바로 나이고 당신입니다. 사람이 우주이니 내가 전부라고 말할 수도 있겠지만, 반대로 여러분이 너무 고민하지 않고 스트레스 받으면서 일하지 않아도 저 큰 태양과 우주는 오늘도 잘 돌아갑니다.

운동을 하십시오. 학생 때 즐겨 하던 운동이 있다면 가족들과도 같이 하고 회사에 들어가서도 같이 할 수 있는 사람들을 찾아서 계속하십시오. 건강을 해치면서까지 일을 한다는 것은 어불성설語不成說입니다. 또한 직장생활을 오랫동안 즐기면서 하려면 무엇보다 건강해야 가능합니다. 그렇지 않으면 모든 것이 귀찮아지고 매시간이 스트레스의 연속이 되어 일도 잘할 수가 없게 됩니다.

매일 아침 자신이 하는 일의 의미와 꿈, 그리고 광활한 우주 안의 보잘것없는 나와 그런 나를 보호해주는 가족들을 생각하면서 출근을 해보십시오. 하루하루가 훨씬 더 소중하게 느껴지고 열심히 일할 수 있는 원동력이 될 것입니다. 퇴근하면서도 몸은 조금 피곤하지만 당신이 열심히 하여 이룬, 작지만 가치 있는 성과물들과 그것에 따른 효과와 기여에 대하여 스스로 칭찬하십시오. 귀가시간이 늦어 집에 도착하면 이미 어두워져 있겠지만 당신을 기다리는 가족들을 만날 때 더 뿌듯하고 행복함을 느낄 수 있을 것입니다.

직장이라는 바다에 빠져 주변의 소중한 사람들을 보지 못한다면, 당신은 점점 어둡고 깊은 곳으로 빠져들 수밖에 없습니다. 하지만 한 템포 여유를 가지고 차분하게 호흡한다면 당신은 자연스럽게 물 위로 떠오르게 되면서 눈부신 태양과 바다의 향기를 다른 사람들과 함께 즐길 수가 있을 것입니다.

기업의 역할

■ **기업들은 사회에서 어떤 역할을 담당할까요?**

기업은 재화, 서비스 등을 생산하고 제공함으로써 우리 사회에 꼭 필요한 역할을 담당하고 있습니다. 기업은 단순히 지금의 역할에만 머물러 있지 않고 가격 경쟁, 품질 경쟁, 서비스 경쟁 등 끊임없는 노력을 통해 많은 수입을 얻고 이를 다시 투자하여 발전해 나갑니다. 또한 자신들이 얻은 이익을 여러 분야에 다양한 방법으로 쓰면서 우리 사회에서 중요한 역할을 하기도 합니다. 예를 들면 어려운 이웃을 도와주기도 하고 사람들이 편리하게 이용할 수 있는 시설을 만들어주기도 하지요.

■ **기업들은 경영을 통해 얻은 이윤을 어디에 사용할까요?**

먼저 기업들은 새로운 제품을 개발할 수 있도록 연구에 투자하고 필요한 재료를 삽니다. 소비자의 취향은 늘 변하고 점점 더 좋은 물건을 사용하기를 원하기 때문에 한 가지 물건만 계속 만들어내다 보면 기업은 수입이 줄어들고 결국은 경쟁에서 지고 맙니다. 그러므로 기업들은 늘 새로운 제품을 개발하기 위해 신제품 연구에 투자하고 더 좋은 제품을 만들어내기 위한 새로운 재료를 사는 데에 많은 돈을 사용합니다.

다음으로 기업은 기업 내 근로자들에게 근로의 대가인 급여를 지급합니다. 기업에서 하나의 물건을 만들어 소비자에게 판매하기까지는 수많은 사람들이 필요합니다. 우리는 이처럼 기업에서 일하는 사람들을 그 기업의 근로자, 즉 직원이라고 합니다. 새로운 제품을 개발하는 직원들, 물건이나 포장을 좀 더 보기 좋게 만들어내는 직원들, 물건을 직접 생산하는 직원들, 검사하고 점검하는 직원들, 물건을 배달하는 직원들……. 이밖에도 수많은 직원들이 있지요. 기업에서는 이처럼 회사를 위해 열심히 일하는 직원들에게 근로의 대가로 급여를 지급합니다.

기업은 또한 기업의 구성원들이 좋은 환경에서 일할 수 있도록 근무 환경 개선에도 투자합니다. 직원들이 일하는 공간을 깨끗하고 안전하며 편리하게 만들어주면 직원들의 일에 대한 만족감을 높이면서 보다 질 좋은 물건을 만들 수 있습니다. 또한 회사 안에 직원들을 위한 편의시설이나 식당 등을 설치하기도 하고, 경치 좋은 곳으로 휴가를 갈 수 있도록 숙소를 제공하기도 합니다. 또한 멀리서 출퇴근하는 직원들을 위해 셔틀버스를 운행하기도 합니다.

기업은 성실한 납세자이기도 합니다. 기업들은 경영을 통해 얻은 수익에 대하여 나라에 많은 세금을 냅니다. 이 세금은 국민들이 보다

안전하고 편리하게 살 수 있도록 여러 곳에 쓰이게 됩니다. 또한 나라에서는 기업들이 낸 세금으로 이들이 보다 쉽게 생산활동을 할 수 있도록 지원해주기도 합니다.

그뿐만 아니라 기업은 더 나은 사회를 만들기 위해 여러 가지 봉사활동을 합니다. 연말연시가 되면 여러 기업체에서는 불우이웃 돕기 성금을 내거나 직원들이 힘을 모아 봉사활동에 참여하기도 합니다. 또한 어려운 사람들을 위한 무료급식이나 후원을 위해 돈을 지속적으로 지원해주는 기업들도 있습니다. 일부 기업들은 수입의 일정 부분을 어린이나 학생, 노인들을 위하여 규칙적으로 기부하기도 하여 다른 기업들의 모범이 되고 있습니다.

| **출처** 교육부 |

1. 당신은 직장에서 자기 자신이 아닌 다른 사람들을 위해 일하고 또 그들과 더불어 일하게 됩니다.

2. 직장을 통해 우리는 사회와 이웃들에게 봉사할 수 있는 기회를 가지게 되고, 그것을 통해 삶의 진정한 의미와 보람을 찾을 수가 있게 됩니다.

3

120%, 150%, 30%의 법칙

지피지기^{知彼知己} 백전불태^{百戰不殆}. 우리에게 지피지기면 백전백승이라고 잘 알려진 이 사자성어의 정확한 표현은 지피지기 백전불태입니다. 『손자^{孫子} 모공편^{謀攻篇}』에 다음과 같이 실려 있습니다.

적과 아군의 실정을 잘 비교 검토한 후 승산이 있을 때 싸운다면 백 번을 싸워도 결코 위태롭지 않다. 적의 실정을 모른 채 아군의 전력만 알고 싸운다면 승패의 확률은 반반이다. 적의 실정은 물론 아군의 전력까지 모르고 싸운다면 싸울 때마다 반드시 패한다.

모든 것의 시작은 항상 자신을 아는 것에서부터입니다. 약간은 다른 의미로 해석되기도 하지만, 많이 알려진 대로 고대 그리스의 철학자 소크라테스는 '너 자신을 알라'라는 유명한 말을 남겼습니다. 역도 선수는 당연히 시합 때 더 무거운 바벨을 들기 위해 노력하겠지만 자신이 들어 올릴 수 있는 무게의 한계를 잘 알고 있고, 높이뛰기 선수 또한 본인이 뛸 수 있는 높이를 평상시의 훈련을 통하여 스스로 파악하고 있습니다.

여러분의 경기 종목은 직장이고 일입니다. 직장이라는 커다란 경기장에서 매일매일 경기를 해야 합니다. 운동선수들이 자신의 스피드와 체력과 한계치를 지속적인 훈련을 통해 알고 있듯이, 직장인은 자신의 재능과 업무능력Capability을 충분히 파악하고 느끼면서 때로는 순간적으로 그 능력을 최대한으로 끌어올릴 수도 있어야 진정한 프로라고 할 것입니다.

직장생활을 하다 보면 참 다양한 업무들과 과제들을 수행하게 되는데 일을 잘하는 사람에게 더 많은 일이 몰리기도 합니다. 그래서 흔히 사람들은 "나서지 마라", "괜히 손들고 먼저 말했다가 새로운 업무와 과제만 받게 된다"는 말을 합니다.

그래서 나는 120%, 150%, 30%로 자신의 업무부하load 관리를 미리 생활화하고 습관화하라고 권하고 싶습니다.

평상시 당신과 상사와의 적절한 업무 조율을 통해 120~150%의 부하load 정도를 가지고 일하십시오. 자신의 능력Capability 대비 100% 미만의 업무를 하고 있다면 그 순간에는 편하고 일찍 퇴근할 수 있을지는 모르지만, 장기적으로 보았을 때 당신의 업무역량 발전 속도가 상대적으로 더딜 수 있습니다. 부담이 되고 피곤할 수도 있지만 약간은 넘치게 일을 받고 신속히 처리하는 것이 직장이라는 장거리 마라톤을 하는 당신의 기초체력을 튼튼히 하는 데 도움이 될 것입니다.

능력의 한계 대비 120~150% 수준을 적절히 유지하면 동료들이나 상사도 그 업무부하의 정도에 대해 자연스럽게 알게 되기 때문에 추가적인 업무의 원만한 조율이 가능해집니다. 또한 지나치거나 과도한 추가 업무에 대해서는 완곡한 거부권도 행사할 수가 있게 됩니다.

이렇게 체력소모를 최소화하면서 자신의 능력 대비 더 많은 일을 하기 위해서는 집중력이 필요한데, 집중력은 일에 대한 강한 열정과 집념에서 나옵니다.

업무능력과 역량, 체력의 한계를 자기 스스로가 충분히 파악하고 120~150% 업무부하를 큰 어려움 없이 유지하고 처리하는 게 가능해지면 30%법칙도 시도해보십시오. 30%의 법칙이란 외적으로는, 다시 말해 회사나 상사는 당신이 능력의 120~150%를 회사에 불만 없이 기여하고 있다고 판단하고 있지만 실제로 당신은 자신의 효율적 시간활용과 업무 프로세스 개선을 통해 30%는 허구의 부하를 가지고 있다는 것입니다.

즉 당신은 분명 회사에 120~150% 만큼의 업무 기여를 하고 있지만, 당신 스스로는 90~120%의 노력과 에너지만 사용하면서 30%

정도는 여유시간 혹은 응축된 에너지로서 가지고 있는 것입니다.

　　그러면 이 30%는 어떻게 해야 할까요? 혜민 스님이 쓴『멈추면 비로소 보이는 것들』이란 책에서 그 힌트를 찾을 수가 있습니다. 잠깐이나마 바쁜 직장생활은 스톱버튼을 눌러놓고 빠져나와 자신만의 시간을 가지십시오. 멀리서 그동안과는 다른 시각에서 자신의 모습과 일, 직장을 살펴볼 수가 있을 것입니다.

　　거울을 보면서 자신의 몸 매무새부터 정리하고, 한동안 하지 못했던 책상도 한번 정리하면서 내가 계획했던 꿈과 목표는 어디까지와 있는지 점검해보십시오. 회사 그리고 가족들과 약속했던 것들은 충실히 실천해 나가고 있는지 돌아보십시오.

　　그리고 무엇을 더 해야 하는지, 나에게 부족한 역량이나 학습은 어떤 것인지 파악하고 그것을 향상시키는 데 투자하십시오. 그동안 읽지 못했던 책을 읽으면서 새로운 지식과 흐름을 익히고, 동시에 당신의 생각과 마음도 정화시키면서 리프레시 하는 계기를 가지십시오.

　　회사를 위해서는 남들보다 더 많은 업무를 처리하고 기여하면서 동시에 30%는 자신의 역량 개발에 꾸준히 투자한다면, 하루 한 달 일 년이라는 시간들이 누적되면서 당신은 남들보다 훨씬 더 많은 능력Capability을 보유하게 될 것입니다. 그 향상된 업무능력을 가지고 쉬운 일들은 물론 훨씬 더 어렵고 고부가가치의 업무들도 처리할 수 있게 된다면, 또 다른 120%, 150% 그리고 30%의 법칙의 창출이 가능하게 될 것입니다.

하지만 이렇게 말하거나 숫자로 계산하는 것은 쉬어 보이지만 수치들을 본인이 실감하고 관리한다는 것은 상당히 어려운 일입니다. 그래서 자신의 업무능력이나 역량이 어느 정도인지, 자신에게 얼마만큼이 120%이고 30%인지를 자연스럽게 알 수 있도록 평상시에 노력하는 습관을 가지는 것이 필요합니다.

'드래곤볼'이란 애니메이션을 보면 주인공 손오공과 라이벌인 베지터가 구글 글라스와 비슷하게 생긴 스카우터라는 기기를 통해 상대방의 전투력을 즉각적으로 눈으로 확인하는 장면이 나옵니다. 영화 속 무림의 고수들 또한 상대와 직접 겨루지 않고서도 그 상대의 힘과 능력, 무술의 경지를 몸으로 먼저 느낍니다. 직장에서의 고수, 프로가 되려면 당신도 자신의 업무능력 그리고 주어진 일의 난이도와 처리하는 데 필요한 시간을 정확하고 빠르게 파악할 수 있어야 합니다.

직장생활이 많이 힘들다고 하는데, 그 원인 중 하나는 직장생활이 상대적이고 자신의 생각대로만 움직이지 않기 때문일 것입니다. 아침에 출근을 하면서 오늘 해야 할 일을 생각해 두고 있었어도 갑자기 예상하지 못했던 새로운 일을 받게 되고, 미팅이나 회의에도 참석해야 하기 때문에 자신이 계획했던 일들은 시작해보지도 못한 채 하루가 다 끝나버리는 경우도 종종 경험하게 됩니다.

학교에서는 상대평가라고는 하지만 당신이 공부를 못하면 자신의 등수가 떨어지는 것으로 그만이고 수업시간에 늦으면 당사자만 혼나면 되지만, 직장에서는 당신이 늦으면, 또 주어진 업무를 충분히 처리해내지 못하면 자신만의 문제로만 그치는 것이 아니라 함께 일하는 동료와 팀원들은 물론 회사 전체에도 피해를 끼칠 수 있기 때문입니다.

이렇게 직장에서는 나 혼자가 아니라 모든 업무와 시간이 상대적으로 많은 사람들과 함께 움직이기 때문에, 당신이 독자적으로 조정하고 통제할 수가 없는 데서 오는 피로감이나 스트레스가 쌓일 수밖에 없습니다. ,이러한 스트레스에서 벗어나 내가 직장생활의 주인이 되기 위해서는 스스로의 업무능력과 역량을 빨리 파악해야 합니다. 자신의 능력을 파악하다 보면 어떠한 일에 당면했을 때 얼마만큼의 시간이 필요한지, 어떻게 처리를 해야 조금이라도 빠르고 정확하게 처리할 수 있는지 알게 됩니다.

또한 누구의 지원이 더 필요한지를 분석할 수가 있게 되어 하루의 업무순서를 조정하면서 자신의 시간을 관리할 수 있게 됩니다. 이와 함께 순간순간 저축하듯이 모아 둔 30%라는 시간과 에너지가 발휘되어 돌발상황과 갑자기 맡겨진 업무에도 어느 정도 완충과 조절을 하면 일에 쫓겨 다니면서 정신없이 일하는 것이 아니라, 스스로 일을 알고 통제하는 것이 가능해질 수가 있습니다.

따라서 지금부터 직장뿐 아니라 평상시 생활 속에서도 자신의 120%, 150%, 30%는 무엇이고, 어느 정도가 30%여서 그것을 어떻

게 활용할 것인지를 분석해보고, 계획표로도 만들어서 꾸준히 관리
하고 보완하기를 권합니다.

1. 직장에서 내가 주인이 되어 일과 시간을 조절하기 위해서는 먼저 자신의 능력을 알고 통제할 수 있어야 합니다.

2. 스스로 일과 시간을 통제할 수 있게 되면 집중과 조절을 통해 자신만의 잉여시간의 확보가 가능해지고, 그 시간의 재투자를 통해 당신의 능력은 더욱 성장할 수가 있게 됩니다.

4

당신의 주특기는 무엇인가?

당신의 주특기主特技는무엇이었습니까?

　군대를 다녀온 대한민국 남성에게 가장 먼저 하는 질문이 이것
입니다. 당신이 남들과 비교해서 월등하게 잘하는 것은 무엇인가요?
대학교에서 배운 전공이 있겠지만 그중에서도 어떤 분야, 어떤 학문
에 가장 정통하다고 말할 수 있나요? 흔히 하는 말로 당신에게 다른
사람들은 절대 따라올 수 없고 두려워할 만한 한칼 또는 필살기가
있나요? 영화를 보면 수세에 몰려 거의 싸움에서 질 것 같았던 주인
공이 자신의 필살기라고 외치면서 다시 일어나면 전세는 순식간에
역전이 되고 상대는 무릎을 꿇고 맙니다.

　회사에 입사하고 잠깐 동안은 과거의 학교성적이나 자격증 등
으로 당신의 능력을 평가받겠지만, 시간이 지나면 지날수록 업무에

대한 실력과 성과만으로 평가받게 됩니다. 또 요즘은 과거처럼 성실하고 열심히 일만 하면 되는 것이 아닙니다. 스티브 잡스나 마크 주커버그와 같은 한 명의 천재, S급 인재가 수천수만 명을 먹여 살리는 시대가 되었습니다. 실제로 많은 기업 또는 CEO들의 가장 중요한 목표 중 하나는 인재 확보라고 합니다. 삼성의 계열사들만 보아도 각 CEO의 평가항목에 '핵심인재 확보율'이란 것을 추가할 정도로 기업은 능력 있는 인재 발굴에 열을 올리고 있습니다. 당신도 핵심인재가 되기 위해 끊임없이 노력을 해야 합니다.

기업은 이윤과 성과를 추구하는 집단입니다. 회사 내부에서는 물론 국내외 가릴 것 없이 많은 회사들과도 치열한 경쟁에서 우위를 점하지 못하면 살아남을 수가 없는 것이 현실입니다. 하루가 다르게 새로운 기술이 쏟아져 나오는 것은 물론, 그동안 우리 경제의 견인차 역할을 했던 중국은 이제 반대로 우리의 시장을 위협하는 새로운 경쟁자가 되어 언제 우리를 앞서 나갈지 모르는 절박한 상황에까지 이르게 되었습니다. 이것이 대한민국 기업의 운명이고, 이 위기를 극

핵심인재 확보율 삼성은 글로벌 초일류 기업으로 도약하기 위한 성패가 핵심인재의 확보에 달려 있다고 하고, 핵심인재를 S(Super)급과 H(High Potential)급, A(Ace)급 등 3개 그룹으로 분류해 관리하고 있다. S급은 해당 분야의 최고 전문가를 말하고, H급은 S급 인재가 될 후보군, A급은 현재 자신의 분야에서 우수한 성과를 내고 있는 사람으로 정의된다.

복하기 위한 유일한 방법이 우수한 인재 확보인 것입니다.

당신은 이러한 기업의 목적에 합당한 인재라고 자신있게 답할수 있나요? 젊고 유능한 수많은 인재들이 줄을 서서 입사를 대기하고 있는데, 왜 회사가 당신에게 매달 월급을 지급해야 하나요?

"A씨는 우리 회사에 꼭 필요한 인재야," "이 분야만큼은 A씨를따라올 자가 없지," "이쪽 분야는 A씨가 대가이니 문제가 잘 풀리지않으면 찾아가서 자문을 구해봐."라고 당신이 평가받도록 해야 합니다. 좋은 평가를 받으면 또 다시 새로운 힘이 생겨 그 힘과 에너지로기존의 주특기는 더욱더 강화시킬 수 있는 동시에 새로운 주특기도개발할 원동력이 될 것입니다.

따라서 작고 사소하더라도 당신이 회사 내에서 혹은 우리나라에서, 더 나아가서 세계에서 가장 잘하는 무엇인가를 끊임없이 찾아내고 개발해야 합니다. 그리고 그것이 당신만이 할 수 있는 것이라면더 큰 의미와 힘을 가지게 됩니다. 자신만의 주특기를 빨리 찾는 사람이 성공할 가능성이 높은 사람입니다. 그 주특기를 아무도 따라하지 못하면 당신은 더 오랫동안 직장에서 승승장구할 수가 있습니다.

열심히 암기하여 시험을 통과하면 받게 되는 자격증도 물론 중요하지만, 그것보다 실제로 회사 업무에 활용이 가능하고 적용할 수있는 주특기가 더 필요합니다. 유창한 영어실력도 주특기가 될 수있지만 최근에는 영어를 잘하는 사람들이 너무 많아 그 가치와 빛이 바랠 수가 있습니다. 오히려 제2외국어 같이 많은 사람들이 하지못하는 것, 내가 월등히 잘하고 남들이 따라올 수 없는 유일한 것only one, 그것이 진정 당신에게 필요한 주특기입니다.

당신이 평상시에 좋아하고 관심 있는 것부터 주특기로 발전시켜 보십시오. 좋아하기 때문에 남보다 빨리 흥미와 열정을 가질 수 있고 그만큼 자신만의 특색 있는 주특기가 될 것입니다. 김연아 선수는 피겨스케이팅의 최고난도 기술인 트리플악셀을 과감히 포기하고 한 단계 낮기는 하지만 자신이 가장 잘하는 더블악셀을 한 치의 오차도 없이 완벽하게 연기하고, 동시에 예술적 아름다움을 접목하여 세계 최고의 무대를 선보이면서 정상의 자리에 오를 수가 있었습니다.

2등, 3등까지는 상대적으로 오르기 쉽지만 어느 한 분야에서 최고top, 유일한 사람only one이 된다는 것은 또 다른 문제입니다. 일인자가 되기 위해서는 2등, 3등이 하는 것보다 훨씬 더 많은 노력을 해야 합니다. 그것을 달성하기 위해 전략을 세우고 실천하면서 당신은 점점 성공한 직장인에 가까워질 것입니다.

앞으로 우리 사회가 어떤 속도로 어떻게 변할지는 아무도 알 수가 없습니다. 하지만 세상이 어떻게 변하더라도 당신에게 충분한 역량과 실력, 주특기가 있다면 회사와 동료들에게 존경과 대우를 받으면서 직장을 다닐 수 있습니다. 설령 지금 또는 현재 직장에서는 당신을 알아봐주지 않더라도 강력한 나만의 주특기가 있다면 언젠가는 당신은 인정받고 충분한 보상과 기회를 제공받게 될 것입니다. 개인이 회사와 조직을 따라가는 것이 기본이지만, 반대로 회사가 나를 따라오고 주변 사람들이 나와 같이 일하고 싶어 한다면 물론 업무는 많고 바쁠 수 있겠지만 하루하루가 즐겁고 보람 있는 회사생활이 될 것입니다.

텔레비전에 나오는 우리 주변 속 생활의 달인들을 보십시오. 그들을 보면 아주 큰 회사에 다니는 것도, 엄청난 수입이 있는 것도 아니지만 한결같이 누구보다 자신의 일을 사랑하고 행복해 보입니다. 최고라고 인정받는 지금 이 순간에도 끊임없이 새로운 도전을 하고 있어 그들이 아름다운 것입니다.

모든 사람이 장인이 될 수는 없다. 하지만 장인의 정신은 가질 수 있다. 무엇이든 끝까지 하려는 자세와 노력은 누구든지 가질 수 있다. 완당의 글쓰기를 보면 때론 즉흥적으로 손 가는 대로 써 내려간 것 같다는 생각을 갖게 한다. 하지만 완당이 글씨를 쓸 때 얼마나 피눈물 나는 장인적 수련과 연찬을 보였는가는 범인의 상상을 초월한다. 완당은 "칠십 평생에 벼루 열 개를 밑창 냈고, 붓 일천 자루를 몽당붓으로 만들었다"고 술회한 적이 있다. 그런 연찬과 수련 속에서 추사체가 나온 것이다. "아무리 구천구백구십구 분까지 이르렀다 해도 나머지 일 분만은 원만하게 성취하기 어렵다. 이 마지막 일 분은 웬만한 인력으로는 가능한 게 아니다. 그렇다고 이것이 인력 밖에서 나오는 것도 아니다."

　　　　　　　　　　　　— 유홍준, 배병우, 『우리 시대의 장인정신을 말한다』

1. 남들보다 월등히 잘하거나 당신만이 할 수 있는 것이 무엇입니까?

2. 당신이 충분한 능력을 가지고 있으면 직장과 일이 당신을 따라오게 되고, 그 과
   정 속에서 당신은 무한한 보람과 자부심을 가질 수 있게 됩니다.

5

숫자를 외우고 의미를 부여하라

'신라면 지수'나 '빅맥 지수'라는 것을 들어본 적이 있나요? 달러에 대한 돈의 환율과 유사하게, 우리가 평상시 즐겨 먹는 라면과 햄버거를 각국의 판매가격을 기준으로 그 나라의 물가수준과 가치를 수치로 환산하고 비교하는 방법입니다. 피터 드러커는 "측정할 수 없으면 관리할 수 없고, 관리할 수 없으면 개선할 수 없다."라고도 말했습니다.

회사는 태생적으로 이윤을 남기려는 목적으로 설립된 존재이고, 회사의 규모는 매출액으로 결정되며 매출액만큼 중요한 것이 이익률입니다. 이익이 많으면 그중 일부는 투자와 연구개발로 이어지는 선순환 구조를 가지게 되어 다음해 매출과 신장률이 더 높아지게 됩니다. 또 그 결과와 성장은 주식시장에도 반영되어 주가라는 숫자를 실시간 오르내리게 하고, 투자자들은 그것을 보고 주식을 사고파는 행위를 반복하면서 다시 새로운 가격을 형성하게 됩니다. 이처럼 회사는 숫자로 대별되고 평가되고 분석되며 전망됩니다.

당신도 이러한 일련의 과정 가운데 한 단계, 한 분야를 맡아 일을 하게 되고 그 전후 과정을 분석하여 최적, 최고의 성과를 내기 위해 토론하고 보고서를 작성하게 됩니다. 말할 것도 없이 그 핵심은 숫자가 될 수밖에 없습니다. '한 달 동안 몇 개의 물건을 팔았고 각 제품당 생산단가는 얼마이니 우리 회사의 이익과 이익률은 얼마로 집계되고, 연말이 되면 작년 대비 어느 정도의 증가 또는 감소가 예상된다.'라고 정의되는 것이 회사와 기업의 규칙이고 기업 경영의 기본입니다. 때문에 당신이 어느 회사, 어느 부서에서 근무를 하더라도 숫자, 경제 또는 회계를 무시하고 일을 할 수가 없는 것입니다.

따라서 직장생활에서 성실함과 근면함이 물론 중요한 가치와 덕목이지만 순발력과 명석함이 더 요구될 때가 있는데, 그것은 상당 부분 숫자에 대한 기억과 감^感에서 옵니다. 숫자는 당신의 말과 글에 전문성을 부여하고 상대방에게 신뢰와 확신을 주는 힘이 되고, 복잡하고 어려운 보고서의 내용을 쉽고 빠르게 이해시키는 데 매우 효과적인 수단이 됩니다.

더욱이 각각의 숫자는 작은 단위와 기호에 불과할 수도 있지만,

그 기호들을 잘 연결하고 의미를 부여하면 트렌드와 흐름을 볼 수가 있게 됩니다. 그 트렌드를 분석하면 현재의 위치는 물론 미래에 대한 예측도 가능하여 새로운 계획과 전략을 수립하는 데 많은 도움이 될 수가 있습니다. 이것이 숫자의 힘이고 중요성입니다.

　이러한 숫자의 힘을 회사에서 일을 할 때나 평상시 일상에서도 잘 활용해야 합니다. 나와 같이 숫자에 대한 감이 조금 떨어지는 사람들도 있을 수 있기 때문에 지금부터라도 숫자와 친숙해지기 위해 노력하는 습관을 가져야 합니다.

　내가 아는 한 임원은 평상시 생활에서 숫자를 외우는 연습을 합니다. 매출액, 이익률 등 회사와 직접 연관된 중요한 수치들은 물론 주변 사람들 대부분의 생년월일, 가족관계, 몇 주간의 로또 번호 등을 외우면서 숫자에 대한 감을 익히려고 꾸준히 노력한다고 합니다. 그렇게 10년 20년을 노력하다 보니 지금은 그 누구보다 숫자에 대한 판단이 정확하고 자신만의 방법으로 많은 수치들을 머릿속에 담아 둘 수 있게 되었다는 겁니다.

　당신도 학교에서 배웠던 중요한 숫자들이나 역사 속 연도들을 외워보십시오. 처음에는 외우는 것이 쉽지는 않겠지만 재미있고 관심 있는 분야의 숫자들부터 눈여겨보면서 외우려는 노력을 하다 보면, 그 속도와 범위는 점점 발전하게 되고 익숙하지 않았던 것들도 기억해낼 수가 있게 될 것입니다. 축구나 야구를 좋아한다면 그 속에서도 많은 흥미있는 숫자들을 발결할 수가 있을 것입니다.

　재테크에 대해서도 관심을 갖고 공부해보기를 추천합니다. 실제적으로 투자를 하지는 않더라도 주식이나 부동산 등을 공부하다 보면 자연스럽게 다양한 숫자들을 접하게 되고 다른 어느 분야보다도 숫자와 쉽게 친숙해지는 데 도움이 될 것입니다.

당신이 어떤 중요한 보고 자리에서 질문을 받았을 때 수북이 쌓인 자료들을 뒤적이다가 한참 뒤 필요한 부분을 찾아내어 답하는 대신, 평상시 머릿속에 기억해 두었던 숫자와 지식을 가지고 망설임없이 바로 답을 할 수가 있다면, 설령 그 답에 일부 오차가 있더라도 그 미팅의 참석자들은 틀림없이 당신에 대해 상당한 신뢰를 가지게 될 것입니다.

머릿속에 많은 숫자들과 데이터가 있는 만큼 그것은 업무의 순발력이 되고, 그 순발력은 남들이 따라올 수 없는 엄청난 능력과 실력이 될 것입니다. 어려운 미팅 자리에서도 상대방 의견을 명확한 근거 없이 반박하다 보면 불필요한 논쟁이나 의견 충돌만 이어질 수 있지만, 증명된 숫자나 데이터를 기반으로 논리를 주장한다면 오해와 불신 없이 상대방도 당신을 존중하고 보다 쉽게 동의하게 될 것입니다.

지금부터는 신문이나 뉴스를 볼 때도 자꾸 숫자에 눈과 귀를 기울이도록 하십시오. 모든 산업의 근간이 된다고 하는 국제 원유가나 금 시세가 오늘은 얼마에 거래되었는지, 주요 통화에 대한 환율은 어떻게 변하고 있는지. 철이나 동, 니켈과 같은 주요 원자재 가격의 변동 등도 지금은 조금 낯설지만 매일 관심을 가지고 보고 들으려고 노력한다면, 점점 흥미가 생기면서 언젠가부터는 그 수치들의 변동 그래프가 당신 머릿속에 자연스럽게 그려질 것입니다. 고객들과 면담을 할 때도 바로 업무 이야기를 하는 것보다는 이러한 배경 지식들에 대해 덜 무거운 분위기 속에서 시작을 하면 회의에 대한 집중은 물론 당신의 말에 대한 신뢰성도 보다 더 높아지게 될 것입니다.

스포츠도 과학이라고 했습니다. 육상선수에게 그냥 빨리 뛰라고 하는 것은 아무 의미가 없습니다. 출발할 때가 느린 것인지, 마무리할 때 막판 스퍼트가 부족한 것인지 정확히 분석해 부족한 것을 가능한 한 수치로 알려주면서 그것을 달성하도록 해야 합니다. 그것을 컴퓨터로 시스템화, DB화하여 매일 모니터링 하고 기록, 분석하는 것이 스포츠 과학입니다.

당신의 역량, 목표달성 정도도 수치화할 수 있어야 합니다. 수치화, 계량화하지 못하면 자신의 능력 정도와 업무능력을 정확히 정의하기가 어렵고 개선도 더딜 수밖에 없습니다. 반대로 그것을 가시화하고 기록할 수 있다면 부족한 부분에 더 많은 역량을 집중하게 되고, 또 목표를 달성하고 발전해 나가는 것을 보면서 성취감과 만족감도 동시에 느낄 수가 있을 것입니다.

다양한 경험에 따른 감각과 직감이 물론 중요하지만, 더 강력하고 호소력이 있는 감은 숫자와 데이터에 근간한 것입니다. 회의 때 "내가 산전수전 다 겪은 백전노장인데"라고 시작하는 나이브한 감과 감정으로 불필요하게 상대방과 대립하지 말고, 당신 머릿속의 수치와 통계를 말하고 보여주면서 설득할 것을 다시 한 번 강조합니다.

숫자를 외우는 노력과 실천이 어느 정도 습관화되었다면, 그다음에는 외운 숫자를 합하고 곱하고 비교하면서 당신만의 통계자료, DB, 공식 등을 만들어 꾸준히 축적하고 적용해보십시오.

우리 사회와 기업은 매일같이 진화하고 변화를 거듭합니다. 어떤 제품을 오늘은 100원에 만들었다면 내일은 99원에 만들 수 있어야 시장에서 경쟁력을 가지게 됩니다. 타 경쟁사에서 동일한 제품을 98원에 만들어 시장에 내놓기 시작했다면, 재빨리 그 원가구조를 분석하고 어느 협력업체에서 얼마에 관련 재료들을 납품받았고 몇 사람이 몇 시간 공장을 돌려 98원에 만들었는지 분석해야만 더 경쟁력을 가진 97원짜리 제품을 만들어낼 수 있는 것입니다.

이와 같이 항상 우리 회사와 경쟁사의 원가구조를 신속히 파악해내고 실시간으로 분석해야만 회사의 개선과 심지어 생존도 가능합니다. 따라서 당신이 그동안 모아 두고 외워 두었던 다양한 숫자들을 이제는 분석하고 활용할 수 있어야 합니다.

내가 아는 고수 한 분은 어떤 복잡한 물건의 원가를 타 부서의 지원이나 추가 자료의 검토, 회의 없이 혼자서 어려운 수학 공식을 풀어내듯 칠판에 숫자들을 쓰고 대입하는 것을 반복하면서 최종 결과값을 만들어내곤 합니다. 다양한 회사와 그 제품들의 원가구조를 평생 동안 수없이 분석하고 기록하여 자신만의 매직박스magic box를 만든 것입니다.

여기서 매직박스란 앞으로 여러분 각자가 반드시 개발해야 하는 공식 또는 방정식으로, 정해진 원가를 스스로 검증하고 찾아낼 수 있는 툴tool을 의미합니다. 자신만의 매직박스를 찾기 전까지 당신은 어떠한 제품의 가격을 정할 때 스스로 검증하거나 변별해내지 못하고 항상 다른 사람들에게 도움이나 자료를 요청하고 의존할 수밖에 없습니다.

예를 들어 많은 시간이 지나 임원이 된 당신에게 갑자기 CEO가 "A상무 이 신제품의 가격을 얼마에 책정해야 경쟁력이 있을까요?"라고 질문했을 때, 더듬더듬 "그건 관련 부서와 회의를 좀 하고 경쟁사들의 가격도 좀 비교해본 뒤 추후에 별도 보고 드리겠습니다."라고 답하는 것과, 그 자리에서 바로 "경쟁사 제품 가격은 이러이러한 수준인데, 제가 분석한 우리 신제품의 원가구조는 이렇기 때문에 이 정도 수준에서 가격을 정하면 이 정도의 이익이 예상됩니다."라고 조리 있게 말하는 것은 당신에 대한 능력과 신뢰성을 판가름하는 데 있어 하늘과 땅 차이라고 할 것입니다.

> 숫자는 뉴스, 정치, 인생에 깃들어 있다. 좋은 방향이건, 나쁜 방향이건 숫자는 오늘날 두드러진 공용어로 자리 잡았다.
> — 마이클 블래스트랜드와 앤드류 딜노트, 『숫자의 게임The Numbers Game』

1. 회사와 그 속에서의 당신은 숫자로 대별되고 평가되며 분석, 전망되게 됩니다.

2. 숫자라는 기호를 잘 연결하면 트렌드와 흐름을 읽을 수가 있고, 그 트렌드를 분석하면 미래에 대한 예측과 그를 통한 전략수립이 가능해집니다.

6

다시 열공하자.

대학 시절 책을 멀리한 사람도 있을 것이고 취업을 위해 도서관에서 고생한 사람들도 많겠지만, 이제 다시 책상에 앉아 공부를 해야 합니다. 그동안은 시험에서 성적을 올리기 위한 공부였다면 이제는 당신의 인생, 밥줄 그리고 미래를 위해 하는 공부입니다. 나는 신입사원 시절 거의 1년간 유능한 선배를 매일같이 찾아가 커피를 사면서 강의 아닌 강의를 들었습니다. 그때 필기하고 정리해놓은 노트를 10년 이상이 지난 지금도 소중히 간직하고 가끔 열여보기도 합니다.

아는 만큼 보이고 보이는 만큼 컨트롤control할 수 있고 컨트롤하는 만큼 성장하고 더 좋은 성과를 창출해낼 수 있습니다. 미술관에서 작품을 감상할 때, 음악회에서 연주를 들을 때도 사람마다 느끼고 이해하는 것이 다 다른 이유는 아는 만큼 보이고 들리기 때문입니다. 지금의 회사 일이 어렵고 힘들다고 불평하기 전에 당신은 그일을 파악하기 위해 얼마나 노력하고 공부했는지 반문해보십시오. 직장인이 된 지금은 선생님이 있지도 않고 정해진 시간표대로 강의가 이루어지는 것도 아니기 때문에, 이번 공부는 스스로 시작해야하고 더욱이 그것을 오랫동안 꾸준히 즐기면서 하려면 호기심과 동기부여는 물론 목표설정부터 자기가 찾아내야 합니다.

공부를 하는 또 다른 목적은 다른 사람들의 소중한 시간을 빼앗지 않기 위해서입니다. 물론 주변 사람들에게 질문하고 이야기하면서 교류하는 것은 좋은 일이지만, 불필요하게 그 횟수가 많아지거나당연히 알고 있어야 하는데 자신의 게으름 때문에 모르고 묻는 것은상대방의 입장에서는 마이너스가 될 수밖에 없습니다.

무엇을 공부해야 할까

첫 번째, 꿈이란 것을 그려보는 것으로 시작해보도록 합시다. 어릴 때는 무척이나 다양하고 화려한 꿈들을 많이 갖고 심지어 입사할때도 CEO가 되는 것을 목표로 하지만, 시간이 지날수록 현실이라는 테두리에 갇혀 미래에 대한 생각을 잊어버리게 됩니다. 다시 새롭게 꿈을 상상해봄으로써 꼭 그것을 실현하지는 못하더라도 다시 한 번 공부하고 노력할 수 있는 힘과 에너지를 찾을 수는 있습니다. 앞으로 매달이 너무 짧다면 최소한 분기마다 당신의 위치와 꿈과 목표를 종이에 적어놓고, 얼마나 어떻게 달성하고 있는지 점검하고 계획을 수정하면 그 성취감은 물론 일과 생활에 대한 새로운 활력소가 될 것입니다.

두 번째, 자신의 회사에 대해 공부하십시오. 회사나 상사들이 생각하는 일을 잘하는 사람이란, 센스가 있는 사람 또는 알아서 미리미리 해주는 사람입니다. 미리 알아서 일을 올바르게 하려면 회사의 업무구조와 프로세스를 명확히 파악하고 있어야만 합니다.

자동차나 핸드폰을 처음 구입하면 제품에 대한 설명서를 읽으면서 각종 동작이나 기능에 대해 익히고 조작해보는데, 당신은 회사의 홈페이지에 담겨 있는 업의 정의나 설립취지, 연혁이나 이념, 비전vision과 핵심가치 등에 대해 얼마나 알고 있습니까? 또한 회사에는 각종 업무 매뉴얼과 절차서procedure들이 있을 것입니다. 시간이 날 때마다 그것들을 읽음으로써 자신과 각 부서들의 업무 정의와 역할, 범위는 물론 앞으로 당신이 어떤 기술과 지식이 더 필요한지도 자연스럽게 알게 될 것입니다.

세 번째, 회사의 고객에 대해 공부하십시오. 우리 회사의 물건이나 서비스를 누가 구매하는지, 그들이 그것을 왜 구매하고 그 평가는 어떠한지, 고객들은 자신들이 구매한 것을 어떻게 사용하거나 또는 다시 가공하거나 되파는지, 그리고 그들의 내년 목표는 무엇인지에 대해 지속적으로 조사하고 고민해보십시오. 그것들에 대해 빠짐 없이 파악을 해야 고객의 정확한 니즈needs를 읽을 수 있고, 동시에 당신과 당신의 회사가 어떻게 준비하고 방향을 세워야 할지 계획과 전략의 수립이 가능해질 것입니다.

네 번째, 경쟁사와 경쟁자들에 대해 공부하십시오. 국내뿐만 아니라 보이지는 않지만 해외에서 유사한 일을 하고 있는 사람들과 회사들에 대해서도 조사하고 파악해보십시오. 그들은 어떻게 재료를 조달sourcing하는지, 인력과 조직 구성은 어떻고 어떤 과정을 거쳐 제품과 서비스를 만들어내는지, 운송과 배송은 어떻게 하고 있는지 등을 확인해보십시오. 어떻게 이 업종에서 세계 최고가 될 수 있었고 어떤 어려움을 개선하고 극복했는지, 그렇지 못한 회사들은 무슨 문제가 있고 우리 회사는 그런 위험성이 없는지도 점검해보아야 합니다. 또 우리 업에 새로이 들어오려는 회사는 어디인지, 그들은 왜 이것을 선택했는지, 진입장벽을 뚫기 위한 그들만의 노하우나 전략은 무엇인지도 확인해보아야 합니다.

다섯 번째, 스스로 겸손해야 합니다. 당신이 아무리 좋은 대학을 나왔어도, 올 에이all A 학점을 받고 우등생으로 대학교를 다녔어도 이제 여기는 직장이고 새로운 룰rule이 적용되는 새로운 경기장이고 링입니다. 과거의 것을 비워야 새로운 지식과 경험을 채울 수가 있습니다. 당신이 지금까지 배우고 알고 있었던 지식들이 직장에서는 오히려 불필요하고 방해가 될 수 있습니다. 경계하면서 과거에 배워왔던 것들에 대해 의심하고, 회사의 선배들이 업무를 처리하는 방식을 살펴보십시오. 또 책 속의 지식들이 현실과 실무에서는 어떻게 적용되는지, 어떻게 다른지를 확인하면서 새로운 정리를 해나가야 합니다.

또 어느 정도 시간이 지나 직장생활을 하면서 경험도 쌓고 지식도 갖춘 당신, 그때 또 공부하십시오. 서서히 뜨거워지는 냄비 속의 개구리는 물이 끓는지도 모르고 조금씩 죽어가게 됩니다. 세상은 빠르게 변하고 우수한 인재들은 계속 들어옵니다. 지식과 기술은 하루가 다르게 새로운 것을 쏟아내고 있습니다. 주위환경에 둔감하면 자신도 모르게 서서히 뒤처지고 낙오하게 됩니다. 직장에는 선생님이나 교수님처럼 지적해주는 사람이 없기 때문에 당신 스스로가 자신을 계속 뒤돌아보면서 부족한 부분들을 찾아 채워나가야 합니다. 승리는 반복되는 것이 아니고 세상에 영원한 승자와 강자는 없습니다. 당신의 현재까지의 승승장구에 도취되거나 현재의 자리에 자만한다면 승리가 조만간 실패와 패배로 이어질 수 있습니다. 직장생활에서 오랫동안 승자의 자리를 지키기 위해서는 지금까지의 성과와 성취에 자만하지 말고 자신을 더 낮추고 끊임없이 노력해야만 합니다.

여섯 번째, 자존심을 가져야 합니다. 당신은 지금 가지고 있는 지식과 역량으로 현재의 직장에서 일과 업무를 통해 평생을 먹고 사는 장인이고 달인입니다. 한 분야의 장인이란 다른 누구보다도 그 일에 대해 잘 알고 정통한 사람입니다. 그런 자존심을 가지고 있을 때 어려운 과제도 극복해낼 수 있는 힘을 가지게 되고, 대충 마무리해서 넘기는 것이 아닌 내가 마지막까지 완벽히 수행해내는 끈기와 인내가 생기게 됩니다. 누구에게 잘 보이려고 일하는 것이 아니라, 짧은 보고서 한 장이라도 나의 이름을 걸고 작성해야 합니다. 그리고 발생한 실수를 남의 탓으로 미루기 전에 스스로를 먼저 돌아보고 부끄러워할 줄 알아야 합니다.

일곱 번째, 본질과 근본에 대해 공부하십시오. 고등학교 시절 수학 공식을 외우는 것만으로는 난이도 높은 응용문제를 풀 수가 없었듯이, 회사 일의 일부분은 공식에 따라 움직이기도 하지만 고객과 경쟁사들은 그렇지가 않기 때문에 업과 시장의 본질을 파악하고 있어야 합니다. 매일매일 신문이나 뉴스를 꾸준히 보면서 당신의 업무와 관련된 기사내용은 물론 모든 산업이나 사회활동에 기본이 되고 중요한 흐름이 되는 것들도 주의 깊게 살펴보십시오.

우리의 업, 회사는 어떻게 시작되었으며, 일은 어떠한 메커니즘과 구조로 사회와 연결이 되는지 이해하고 있어야 합니다. 잘 이해가 되지 않거나 모르는 단어가 나오면 메모해 두었다가 관련 서적이나 인터넷을 검색하여 자신의 배경지식으로 만들도록 노력하는 습관을 갖도록 하십시오. 일과 회사의 근본을 이해할 때 당신은 어떠한 방향과 목표로 일을 해야 할지에 대하여 알게 될 것입니다.

여덟 번째, 국어와 말하기를 공부하십시오. 직장인들이 외국어만큼이나 많은 학원을 다니는 것이 스피치speech, 프레젠테이션이라고 합니다. 당신은 초등학교 이후 얼마나 많은 글을 짓고 발표를 해보았나요? 상사들이 당신의 말을 잘 안 들어준다고 불평하기 전에 당신은 충분히 설득력 있게 말을 잘하고 있는지 돌아보십시오.

그동안 우리는 강의와 수업 위주의 수동적 학습에만 너무 익숙해져서 책이나 시험지를 읽고 문제를 푸는 것은 잘할지 모르지만, 그것을 다른 사람에게 조리 있게 설명하고 이해하기 쉽게 정리하는 능력은 다소 부족하지 않나 생각됩니다. 회사는 사지선다형 선택지가 아니라 사람들과 끊임없이 대화하고 의견을 교환하며 보고서로 정리해야 하는 곳입니다. 따라서 상대의 말을 얼마나 잘 이해하고 자신의 주장을 논리적으로 설득하느냐가 중요하고, 어려운 내용도 쉽게 그리고 빨리 정리해내는 능력을 가져야 합니다.

아홉 번째, 상사와 그 관계에 대해서는 다음에 또 이야기하겠지만 당신의 상사에 대해 공부하십시오. 우리 팀장은 어떤 보고서를 좋아하는지, 평상시 회의 준비는 어떻게 하며 어떤 장기적 목표를 가지고 있는지 등. 가장 가깝고도 대하기 힘들 수도 있는 상사에 대해 잘 알고 있으면 평상시에 어떤 것들을 미리 챙기고 주의해야 하는지를 알 수가 있을 것입니다. 많은 직장인들이 자신과 맞지 않는 상사나 선배들 때문에 스트레스를 받는다고 합니다. 그래서 더 공부해야 합니다. 같은 직장의 상사도 극복하지 못하는 사람이 어떻게 훨씬 더 무서운 경쟁사나 고객들을 상대로 이길 수 있겠습니까? 문제가 있는 상사를 관찰하고 알아가면서 자신도 뒤돌아볼 수가 있고, 존경하는 상사를 공부하면서 내가 배울 점이나 더 노력해야 할 부분들을 찾아 따라 하다 보면 그분들과의 관계가 좋아지는 것은 물론 당신도 더욱 성숙한 직장인이 되어 있을 것입니다.

마지막으로, 공부한 것은 반드시 써먹을 수 있어야 합니다. 회사에서 필요한 것은 귀로 듣고 머릿속에만 가지고 있는 지식과 능력이 절대 아닙니다. 개인의 역량 개발이라는 측면도 물론 중요하지만, 회사에서는 그것들을 가공하고 활용함으로써 제품과 서비스라는 최종 결과물로 만들어져 고객들에게 의미 있는 것으로 판매될 수 있어야 합니다. 따라서 공부를 할 때도 항상 그 응용과 적용을 염두에 두고 해야 하며, 당장에 보이는 성과는 아니더라도 명확한 방향과 목적을 가지고 있어야 합니다.

차사순 할머니는 운전면허 시험에 960번 만에 합격했고, 무대 위에 서는 우아하고 아름다운 바이올리니스트는 손가락 하나하나에 파스를 붙일 만큼 같은 악보를 수도 없이 반복해 연습을 한다고 합니다. 여러분 중에 이렇게 열심히 도전하고 노력하는 사람이 몇 명이나 될까요? 120%, 150%, 30% 법칙 중 30%의 대부분을 공부하는 데 투자해야 함을 다시 한 번 강조합니다.

1. 직장에서 우리는 아는 만큼 보게 되고, 보는 만큼 컨트롤할 수가 있으며, 컨트롤 하는 만큼 성장이 가능하게 됩니다.

2. 직장에서 의미를 찾고 성장하기 위해서는 그냥 지나치기 쉬운 것들부터 자신 의 꿈과 직장, 일에 대해 끊임없이 공부하고 탐구하려는 자세와 습관이 필요합 니다.

7

리얼 버라이어티

우리나라 최고의 인재들이 모여 있다는 서울대학교. 그런 수재들의 집단 속에서도 최고 학점인 A+를 받는 학생들은 과연 어떻게 공부를 할까요? 또 그 학생들은 졸업 후 직장에 가서도 A+ 직장인이 될 수 있을까요? 최근 EBS에서 '서울대 A+의 조건'이라는 흥미로운 내용의 프로그램을 방영한 적이 있었습니다. 서울대에서 A+를 받는 학생들의 공동점을 조사하여 그것이 의미하는 시사점을 정리하는 것이 이 프로그램의 기획목적이었습니다.

'베스트 러너 프로젝트best learner project'라고 명명된 이 조사를 위해 먼저 전체 2, 3학년 학생들 중 두 학기 연속으로 4.0 학점 이상을 받은 학생 46명을 대상으로 인터뷰를 통해 데이터를 항목별로 구분한 뒤 1213명과 설문하여 연구하고 분석했습니다. 나를 비롯하여 많은 사람들이 궁금해했을 비법은 과연 무엇이었을까요? 그것은 다름 아닌 암기였습니다. 분석결과 높은 학점을 받은 학생들은 교수님의 강의를 그대로 필기하고 외우고 있었습니다. 그들은 수업 중에 필기하거나 녹음한 내용을 반복적으로 보면서 외우고, 심지어 어떤 학생은 그것을 통째로 외워서 시험을 볼 때도 자신의 주관이나 의견은 생각해보지도 않은 채 외웠던 것을 완벽하게 적어서 제출하고 있었습니다.

뭔가 참신하고 획기적인 것을 기대했던 나에게 그 결과는 조금 의외였고, 한편으로는 우리의 현실을 정확히 말해주고 있는 것 같았습니다. 비교 실험을 위해 미국의 미시간주립대학교 학생들을 대상으로도 유사한 방식의 조사를 진행했습니다. 미시간주립대학교는 노벨상 수상자를 8명이나 배출한 명문대학이라고 하는데, 그 결과가 아주 놀라웠습니다. 서울대 학생들과 전혀 다르게 미시간대 학생들은 강의 들을 때 필기를 하면 더 중요한 것을 놓칠 수 있다고 말하면서, 심지어 시험을 볼 때는 주저 없이 교수의 생각과 다른 자신의 의견이나 주장을 적는다는 것이었습니다.

방송 중 인터뷰에 참가한 미시간대 이수영 교수에 따르면, 이 대학에 오는 학생들은 특별하고 새로운 것을 위해 끊임없이 고민하고 탐구활동과 연구를 계속하는 데 반해, 한국에서 온 학생들은 교수의 강의내용에만 충실히 따라 시험을 보고 과제를 제출한다고 합니다. 그것은 우리 학생들이 그동안 비판적 사고보다는 수용적 또는 수동적 태도로 공부하고 길러졌기 때문인데, 이들의 최종 성적은 A

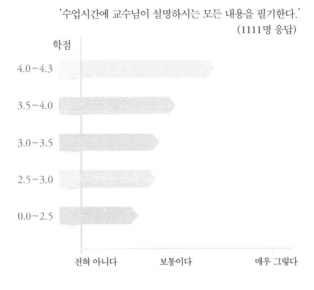

서울대 학점별 노트 필기

'수업시간에 교수님이 설명하시는 모든 내용을 필기한다.'
(1111명 응답)

학점

4.0~4.3

3.5~4.0

3.0~3.5

2.5~3.0

0.0~2.5

전혀 아니다   보통이다   매우 그렇다

| 출처 EBS |

가 아닌 B밖에 되지 못한다는 설명이었습니다.

　우리나라 학생들은 중고등학교에서 얼마나 선생님 말씀을 잘 따라 하고 잘 외워서 모범 답안을 선택하느냐만을 평가받아왔고 대학교에서도 그 교육방법이 크게 다르지 않기 때문에 그동안 해오던 대로 교수의 강의내용을 최대한 벗어나지 않으려고 복습하고 외우는 노력만 하다가 졸업을 한다는, 조금은 안타까운 여운을 남기면서 방송은 마무리됩니다.

미시간대 학점별 노트 필기

'수업시간에 교수님이 설명하시는 모든 내용을 필기한다.'

(973명 응답)

학점

3.5~4.0

3.0~3.5

2.5~3.0

0.0~2.5

전혀 아니다   보통이다   매우 그렇다

| 출처 EBS |

과연 서울대와 미시간대 졸업생 중 기업에서는 어떤 인재를 더 선호하고, 보다 더 성공적인 직장인이 될 사람은 어느 쪽일까요?

시청자들에게 오랫동안 많은 사랑을 받고 있는 '무한도전'이나 '1박 2일'이라는 TV 프로그램을 잘 알고 있을 것입니다. 이들 프로그램들의 모든 대화나 행동들이 PD나 방송작가들의 각본과 시나리오대로만 이루어지고 움직이는 것일까요? 나는 그렇지 않다고 생각합니다. 기본적인 프로그램의 틀과 형식, 미션이나 과제들은 사전에 정해지고 출연자들과도 협의되겠지요. 그러나 상당 부분들은 아니 어쩌면 그 대부분은 매순간 출연자들이 짜인 각본 없이 즉각적으로 행동하고 반응하는 것들이 아닐까 생각됩니다. 그리고 바로 여기서 이들 프로그램들의 묘미와 재미가 나온다고 봅니다. 잘 짜이고 시청자들이 예상하기 쉬운 기존의 정형화된 형식에서 벗어나기 때문에, 그리고 시청자들이 예측하지 못했던 말과 행동을 하기 때문에 재미가 있고 오랫동안 인기를 유지하는 비결이 아닐까 합니다.

사회생활이나 직장생활 또한 이러한 리얼 버라이어티와 비슷합니다. 항상 완벽하게 준비하고 조사하고 충분히 회의를 하지만 방송 출연자들보다 훨씬 더 많은 사람들이 함께 일을 하게 됩니다. 더욱이 경쟁사들과 협력업체들이 우리의 눈에 보이지 않는 곳에서 일을 동시에 하고 있기 때문에 항상 예상치 못했던 변수와 예외들을 경험하게 됩니다.

유연함, 맷집 그리고 배짱

이러한 예상치 못한 변수와 문제가 발생했을 때 너무 틀과 형식 속에서만 움직이고 의존했던 사람들은 머릿속이 하얗게 되면서 당황할 수밖에 없습니다. 그래서 유연한 사고와 정신적인 맷집, 배짱을 차근차근 길러야 합니다. 흥미로운 것은 이러한 여유는 많은 경험과 시행착오를 통해서 가장 빨리 배울 수가 있다는 사실입니다.

대학 시절 많은 학생들이 아르바이트를 합니다. 나는 가능한 한 오랜 기간 동안 물건 파는 아르바이트를 해보기를 추천합니다. 편의점처럼 잘 정돈된 진열장의 상품을 고객이 들고 오면 단순히 바코드를 찍어 계산하는 아르바이트가 아니라, 고객과 직접 흥정하고 부딪치는 아르바이트를 해보십시오. 돈에 대한 소중함을 알게 됨은 물론 숫자에 대한 감각도 익힐 수가 있고, 어떻게 말을 해야 상대방이 호감을 갖는지 또는 예상치 못했던 질문이나 상황에 당황해보기도 하면서 어느 정도 맷집을 키울수 있고, 그러한 상황을 또 당하지 않기 위해 보다 철저히 준비하는 습관도 가지게 될 것입니다.

실제로 지금은 거의 사라졌지만, 내가 삼성엔지니어링에 2003년 입사했을 당시에는 그룹 신입사원 교육과제 가운데 정해진 시간 내에 길거리에서 물건을 실제로 판매하는 것이 있었습니다. 지금도 그때의 기억이 생생하게 남아 있습니다.

또 아는 동생 한 명은 용돈을 벌기 위한 단순한 커피숍 아르바이트를 할 때도 찾아오는 손님들의 연령층과 인상착의를 유심히 관찰하고 기록하면서 요일별로 그 통계를 정리해 사장한테 보여주었다고 합니다. 음악 선정과 커피숍 분위기, 인테리어도 그 결과에 따라 매일 조금씩 변화를 줌으로써 실제 매출도 크게 올리고 자신도 성취감을 느낄 수 있었다는 겁니다.

맷집과 배짱도 노력하면 더 커질 수 있습니다. 상대에게 거북하고 부담스러운 태도를 보여주기 위해서라 아니라, 직장생활 내내 만나게 될 수밖에 없는 곤란한 상황과 어려운 난관들을 감정이 아닌 이성적으로 판단하고 흔들림 없이 뚫고 나가기 위해서입니다. 기타를 처음 배울 때는 손가락이 아파서 포기할까 생각하지만 오랫동안 연습하고 치다 보면 자연스럽게 단련이 되어 아픔과 그런 생각은 사라지고 악보에만 집중할 수가 있듯이, 나중을 위해 지금부터 스스로 한계상황 속으로 들어가서 자신을 단련해보십시오. 수동적으로 기다리고 정해진 길대로만 따라가서는 절대 직장에서 A+ 학점을 받을 수가 없습니다.

받아들이기

직장이라는 진짜 야생의 리얼 버라이어티를 주변 동료들과 함께 즐기고 어려운 미션을 성공적으로 완수하려면 계속해서 등장하는 새로운 변수들과 예외적인 문제들에 대해 TV 프로그램의 출연자들처럼 아무렇지 않게 받아들이고 재미있는 게임으로 참여해야 합니다.

중고등학교 시절 당신은 어떤 과목을 좋아하고, 어떤 과목을 싫어했나요? 개개인들마다 차이는 있겠지만 보통 1~2과목 정도는 흥미를 느끼지 못했을 텐데 그렇다고 그 과목을 소홀히 할 수는 없습니다. 재미가 없으면 흥미가 떨어지고, 흥미가 없으면 그 과목의 책을 점점 멀리하게 되고, 그러다 보면 점수는 더 떨어지게 됩니다. 하지만 부모는 물론 학교에는 선생님이 있고 학원이라는 곳에서는 하기 싫어도 자꾸 책을 펼치도록 자극을 주게 됩니다.

학생들에게 공부하는 것이 일이며 직업이고 의무라면, 직장에 다니는 당신의 직업은 일하는 것입니다. 회사는 당신에게 지급한 월급보다 훨씬 더 많은 성과와 업무를 계속해서 요구할 것입니다. 당연히 하기 싫은 일도 맡게 되고 자신과 맞지 않는 사람을 만날 수밖에 없습니다. 하지만 이러한 상황은 당신 한 사람에게만 유난히 많이 생기는 어려움이 아니고, 전국 아니 전 세계의 모든 직장인들이 똑같이 경험하게 되는 것임을 당연하게 받아들여야 합니다.

따라서 상대적으로 조금 허드렛일을 하게 되어도, 자신과 생각이 다른 상사와 일을 해야 하는 경우에도 너무 스트레스 받지 말고 그냥 마음 편하게 받아들이십시오. 이것은 피하려고 아무리 노력해도 피할 수가 없는 것입니다. 불만과 불평이 아닌 당연한 것으로 받아들이면 오히려 조금씩 마음의 여유가 생기게 되고, 또 그 안에서도 재미와 흥미를 찾을 수 있음은 물론 새롭게 알게 되고 배울 점도 분명히 발견할 수가 있습니다.

특히 최소한 과장급 정도까지는 절대 일과 사람을 가리지 마십시오. 한번 어려운 일을 가리다 보면 그 어려움을 경험해보지 못했기 때문에 다음에 또 피하게 됩니다. 그것을 반복하다 보면 절대 그 극복방법을 찾을 수가 없게 되며, A라는 한 사람과 멀리하다 보면 나중에는 그 A의 주변 사람들과도 좋은 관계를 유지하기가 어려워집니다.

남들이 우습게 보는 작고 쉬운 일 또는 하기 싫어하는 허드렛일을 기꺼이 즐거운 마음으로 잘해내면 당신은 상사와 주변 사람들로부터 예상하지 못했던 인정을 받게 되고, 그 신뢰를 바탕으로 다음에는 더 크고 중요한 일을 맡을 기회도 잡게 됩니다.

'1박 2일'에서 출연자들이 복불복이라는 게임이 피곤하고 힘들다고 해서 하지 않으면 더 이상 그 프로그램은 재미가 없을지도 모릅니다. 하지만 반대로 당연히 하는 게임이기 때문에 열심히 하다 보면 당신이 프로그램에서 보는 대로 너무나 즐겁고 웃을 수밖에 없는 놀이가 됩니다. 그들에게 야외는 연예인이라는 직장인들이 출근하여 출연하는 또 하나의 방송무대 또는 일터가 아니라, 고생은 하지만 함께 놀고 즐길 수 있는 하나의 놀이터와 같은 곳일 것입니다.

아침 출근길은 항상 피곤하고 회사에 가면 너무나도 일이 많고 상사들은 항상 마음에 들지가 않습니다. 너무나 당연한 것이고 피할 수 없는 부분들이니 그냥 마음 편히 받아들이고 즐기도록 하십시오. 일하는 시간이 노는 시간, 게임이 된다면 당신은 매일같이 하루 일당을 받으면서 즐기는 직장의 주인공, 연예인이 될 것입니다.

시간이 지나 당신이 직장에 어느 정도 적응했다고 느끼는 순간 또 다른 위기나 슬럼프가 찾아올 수도 있습니다. 자신 내적인 권태나 무기력함 등이 원인이 될 수도 있고, 승진 누락이나 회사의 어려움 등 외적인 요인에서 기인한 위기일 수도 있습니다.

이러한 시기가 분명히 올 것이라는 것을 미리 알고 어떻게 잘 받아들일지에 대해 지금부터 고민해보십시오. 직장에서 어느 누구도 매번 승승장구할 수는 없습니다. 뉴스나 신문을 보면 자영업자들의 80% 정도는 3년 안에 문을 닫게 된다고 하니, 어쩌면 그들도 직장인들만큼 치열한 경쟁과 고민을 하고 있는지 모릅니다.

대기업의 임원들도 월급을 많이 받는 계약직에 불과하다는 말이 있습니다. 모든 일이 다 어렵듯이 회사생활 역시 쉽지가 않습니다. 하지만 그것을 모르면 자신도 모르게 당할지 모르지만, 그러한 것들을 미리 알고 계획하고 충분히 시뮬레이션 하여 받아들일 준비를 한다면, 충분한 맷집과 마음의 여유를 가지고 있다면 그렇지 못한 사람들에게는 큰 역경도 당신에게는 작고 사소한 일상이 될 수 있습니다.

매일같이 새로운 문제를 만나는 곳이 직장이고, 문제도 문제이지만 문제를 만나지 못하는 것이 더 큰 문제일 수도 있습니다. 자신의 일에 관심을 가지고 열심히 일하다 보면 적극적으로 행동하게 되고, 그런 과정에서 그동안 보이지 않았던 새로운 문제도 찾을 수가 있는 것입니다. 직장에서의 문제를 회피와 두려움의 대상이 아닌 당연한 것, 먼저 찾아내어 해결하고 방지해야 하는 것이라고 이제부터 생각을 바꾸도록 합시다.

흔들리지 않고 피는 꽃이 어디 있으랴
이 세상 그 어떤 아름다운 꽃들도

다 흔들리면서 피었나니

흔들리면서 줄기를 곧게 세웠나니

흔들리지 않고 가는 사랑이 어디 있으랴

젖지 않고 피는 꽃이 어디 있으랴

이 세상 그 어떤 빛나는 꽃들도

다 젖으며 젖으며 피었나니

바람과 비에 젖으며 꽃잎 따뜻하게 피웠나니

젖지 않고 가는 삶이 어디 있으랴.

— 도종환, '흔들리며 피는 꽃'

1. 직장이라는 리얼 버라이어티는 우리들에게 끊임없이 새로운 과제와 문제를 부여합니다.

2. 리얼 버라이어티를 여유를 가지고 받아들이면 아무리 어려운 상황도 하나의 게임으로서 재미있게 즐길 수가 있습니다.

8

시작이 반이다

직장에 들어와서 자신의 고집을 피우면서, 소위 말하는 튕길 수 있을 때가 얼마나 있을까요? 물론 개인의 성품에 따라 일부 차이가 있겠지만 보통은 그럴 기회가 많지는 않을 것이고, 나는 그 튕기는 카드를 신입사원 때 사용해볼 것을 권합니다. 바로 신입사원 교육 완료 전 또는 후에 실시하는 부서배치 면담 시에 말입니다.

당신이 선택한 회사입니다. 이제 남은 것은 얼마나 자신에게 맞는 부서에서 즐겁게 오랫동안 일하느냐 하는 것입니다. 회사의 규모에 따라 다르겠지만 직장에는 우리가 생각하는 것보다 훨씬 다양하고 많은 팀과 부서들이 있습니다. 하지만 회사에서 신입사원을 채용할 때는 회사 내에서 필요한 부서에 배치하기 위해서 그 티오TO를 선정하게 되고, 막상 배치 면담을 하다 보면 자신의 전공이나 적성에 맞지 않는 부서를 제안받게 되는 경우도 발생할 수가 있습니다.

지금같이 취업문이 좁은 시절, 회사에 입사하는 것이 가장 우선시되겠지만 그 직장의 어느 부서에서 일하느냐 하는 것도 취업하는 것만큼이나 중요합니다. 따라서 회사에서 정해주는 부서를 순순히 받아들여 새로운 것에 적응해 나가면서 회사에 기여하는 것도 방법이 될 수 있겠으나, 그것보다는 한번쯤 용기를 내서 자신의 전공, 특히 적성이나 꿈, 비전에 맞는 부서를 적극적으로 어필해보기를 추천합니다. 일을 재미있게 하려면 노력과 의지만으로는 충분하지 않을 수 있고 애정이 있어야 하는데, 애정은 자신의 성격이나 적성에 잘 맞을 때 가장 쉽게 생겨날 수가 있기 때문입니다.

물론 그 이유가 '어려운 일이라서', '근무하는 환경이 좋지 않은 현장이어서'는 절대 안 됩니다. 당신이 처음 면접 볼 때의 각오와 답은 어떠했나요? "아무리 어려운 일을 시키셔도 최선을 다해 열심히 하겠습니다."라고 하지 않았었나요? 자신의 주관에 따라 튕기되 그 업무의 난이도보다는 자신의 적성과 미래에 근거해야 하고 충분히 고민하고 노력한 뒤에 결정해야만 합니다.

◦ 일정 규모 이상의 기업의 경우 사내 방송, 촬영, 보험 등 각종 총무 업무 담당, 기업 홍보R, 사내 도서관 운영 등 아주 다양하고 이색적인 업무들도 많이 있다.

| 출처 고용노동부 |

시간이 지날수록 그리고 한 단계 한 단계 진급을 할수록 그 업무와 자신의 위치는 회사 내에서 굳어져서 나중에 다른 부서로 이동하기는 점점 어려워지고, 자신과 맞지 않는 업무나 부서일 경우에는 적응이 어려워 지속적인 스트레스로 인해 최악의 경우 퇴사나 이직까지도 생각하게 될 수도 있습니다. 그것은 당신 자신은 물론, 회사와 우리 사회에게도 더 큰 낭비와 피해가 되는 것입니다.

엄청난 경쟁을 뚫고 어렵게 입사한 당신입니다. 지나치게 눈치만 보다가 자신의 꿈이나 적성과는 맞지 않는 부서에 배치받아 직장생활 내내 이직이라는 것을 생각하는 것보다는 당신이 정말 잘할 수 있고 평생 즐겁게 일할 수 있는 부서와 직종이 무엇인지 충분히 고민하십시오. 그리고 면담을 통해 그 부서에 적극 지원하십시오.

입사 직후 내 동기 중 한 명은 다른 동기에 비해 훨씬 더 긴 면담 기간을 거쳤습니다. 나를 포함해 모든 동기들이 우려할 정도였지만, 자신이 원하는 부서에 최종적으로 배치되어 지금은 회사의 중견 간부로서 누구보다도 즐겁게 열심히 일하면서 회사로부터 인정도

받고 있습니다.

처음에는 잘 알지 못한 채 현재 부서에 배치받았지만 약 1~2년의 업무경험 후 충분히 노력했음에도 불구하고 자신과 맞지 않는다고 판단된다면 다시 한 번 면담을 해보도록 추천합니다. 처음에는 잘할 것이라 생각되었으나 실상 당신이 생각하던 부서, 업무와는 다른 경우가 종종 있을 수 있습니다. 그때도 과감하게 그 다음 10년, 20년을 위해 자신이 하고 싶은 일과 부서, 잘할 것 같은 일을 찾아서 이동하는 것을 선택하십시오. 짧은 기간 동안은 회사나 주변 사람들에게 일부 피해가 될 수도 있겠지만, 장기적으로 회사에 더 많이 오랫동안 기여할 수 있는 방법이기 때문입니다.

많은 기업들이 짧게는 1년에서 3년 정도까지는 신입사원에게 투자한다는 개념으로 비용을 책정하고 회사를 운영합니다. 다시 말해 그 기간 동안은 당신에게 직접적인 성과 창출이나 기여를 기대한다기보다는 회사에 최대한 빨리 적응하고 일을 배워 2~3년 정도가 지난 후부터 자신의 가치를 발휘해줄 것을 회사는 기대하고 있습니다.

지나치게 많은 시간이 지나면 그때는 아직까지 자신의 자리를 찾지 못한 신입사원의 고민이 아니라, 중견 사원이 회사의 명령에 거역하고 반하는 모양새로 인식이 바뀌게 됩니다. 따라서 직장생활 초기, 회사에게 큰 부담이 되지 않는 기간 동안 당신에게 기회와 시간이 주어졌을 때 충분히 고민하고 용기 내서 나중에 더 큰 후회를 하는 일이 없도록 한번쯤 과감히 행동할 필요가 있겠습니다.

직장의 주인은 당신입니다. 회사에 억지로 끌려가는 것이 아니라, 주인인 당신이 고민하고 선택해야만 더 만족하고 열심히 일할 수 있습니다. 동시에 당신이 선택하고 결정한 사항에 대해서는 책임과 의무감을 가지고 주변 동료들이나 회사에 피해를 주지 않기 위해 열심히 노력하면 됩니다.

회사는 1, 2년 하고 마는 단거리 육상경기가 아니라, 평생 동안 달려야 하는 장거리 마라톤 경기입니다. 마라톤 경기에서 초반에 너무 빨리 달리다 보면 중반 이후부터는 체력이 고갈되고 지쳐버려 끝까지 완주하기가 어려울 수가 있습니다. 반대로 출발은 조금 늦었지만 뚜렷한 목표의식을 가지고 자신의 페이스 조절과 적절한 힘의 분배를 유지한다면 점점 달리기에 가속도가 붙게 되고 훌륭하게 완주가 가능할 것입니다.

1. 당신이 평생 즐겁게 일할 수 있는 일을 찾기 위해 노력해야 합니다.

2. 회사에 억지로 끌려다니기보다는 내가 주인이 되어 선택하고 내가 잘할 수 있는 분야를 찾아서 회사에 오랫동안 기여하는 것이야말로 회사와 동료들을 위하는 최선의 방법입니다.

9
시뮬레이션의 힘

얼마 전 세계를 뜨겁게 달구던 이슈 중 하나가 이세돌 9단과 알파고 AlphaGo의 바둑 대국이었습니다. 알파고는 2014년 1월 구글에 인수된 딥마인드Deep Mind가 개발한 인공지능AI, Artificial Intelligence 컴퓨터로서 2015년 10월 영국에서 열린 중국 프로 바둑기사 판 후이와의 다섯 차례 대국에서 모두 이겼다고 합니다. 구글은 알파고가 무려 3천만 건의 기보棋譜를 분석했고, 인간의 약 천년에 해당하는 학습도 마쳤다고 합니다. 당신은 누구의 우승을 예상했었나요? 아니 인간과 기계 중 누가 이기기를 바랐나요?

　모두 아는 대로 바둑은 가로 19칸, 세로 19칸으로 구성된 총 361개의 착점着點 중 최적의 위치와 수를 찾는 게임입니다. 다음 그림처럼 한 수 한 수를 둘 때 고려할 경우의 수가 250개 정도에 이르

바둑 한 수 결정 시 경우의 수

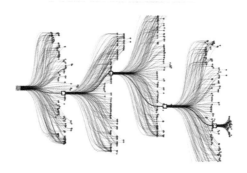

| 출처 구글 |

기 때문에 어떤 사람은 바둑할 때의 경우의 수가 우주 속 원자의 수보다도 많을 것이라고 합니다.

당신은 장기나 바둑을 둘 때 상대방의 몇 수 앞까지 생각하면서 게임을 하나요? 직장생활은 참 바쁘고 해야 할 일들은 항상 넘쳐납니다. 야근을 해도 일이 끝나지를 않아 스트레스를 받기도 하고, 가끔 퇴근을 하려면 상사의 눈치를 보아야 할 때도 있습니다. 그래서 어떤 사람들은 일을 무턱대고 시작해서 빨리 끝내려고만 하는 경향이 있습니다.

물론 시간이 촉박하기 때문에 그렇겠지만 생각 없이 무작정 일을 시작하고 진행하다 보면 중간쯤 가서 '백back 도'를 하게 될 수도 있고, 그 과정에서 불필요한 시간과 정력만 낭비하는 사태를 초래하기도 합니다. 또 '나'라는 한 사람 중심으로만 일을 생각하고 진행하다 보니 주위 동료, 다른 부서, 최종 제품의 사용자나 고객, 경쟁사들의 움직임과는 동떨어진 별로 값어치가 없는 결과물을 만들어내기도 합니다.

시험기간은 항상 짧고 준비해야 할 과목 수는 너무 많고, 심지어 특정한 일자에 몰리기도 합니다. 그럼 당신은 어떻게 하나요? 남은 날짜들을 헤아려보고 이날에는 A라는 과목을, 다른 날에는 B과목을 공부하기로 시간표를 짜서 시험일자와 과목별로 최대한 균등하고 효율적으로 시간을 부여하려고 계획을 세울 것입니다.

공부할 것도 많고 해야 할 일들도 너무 많아 시간은 항상 부족합니다. 그렇다고 바둑 대국에서 상대의 수를 짚어보지도 않고 바둑돌을 놓을 수는 없습니다. 바둑의 출발점, 우리 일의 출발점은 주변의 상황을 살피고 짜임새 있는 계획을 수립하는 것이고 시행하기 전충분히 시뮬레이션해보는 것입니다. 그리고 그 계획이 예상대로 움직이는지, 생각했던 방향이 현실의 상황들과 잘 부합하는지를 점검하는 새로운 시뮬레이션을 반복하면서 전략도 함께 수정해 나가야만 마지막의 결과와 성과가 좋고 불필요한 시간 낭비 없이 조속한 완료가 가능합니다.

축구나 농구 경기도 선수들의 개인기만으로는 매번 승리할 수가 없습니다. 팀, 그리고 조직의 능력을 최대한 발휘하기 위해서 경기 전 자신의 소속 팀은 물론 상대 팀의 경기들을 반복적으로 관찰하고 분석합니다. 우리와 상대 팀의 강점과 약점은 각각 무엇인지를 확인해보고, 상황별 우리 팀의 대응·전략과 전술을 반복적으로 시뮬레이션해본 다음 경기장에서 실제 연습을 해보면서 보완할 점들을 계속 찾아내어 경기 전까지 몸에 익힐 수 있도록 노력합니다.

회사 업무도 마찬가지입니다. 실행하는 용기도 물론 중요하지만, 실행하는 것만큼 사전에 충분히 분석하고 예측하고 시뮬레이션을 반복해야만 더 강한 추진력이 생기고 실패할 확률도 적어집니다. 손자병법에 승산이론이라는 것이 있습니다. 승산勝算이란 우리말로 번역하면 '싸워서 이길 계산이 나오는가'입니다. 즉 전쟁은 싸워서 이기려고 하는 것이 아니라 이길 수 있을 때 그것을 확인하러 돌입한다는 말이며, 승리하는 군대는 먼저 승리를 확보하고 난 후에 전쟁에 임해야 한다는 뜻입니다.

어떤 일이든 시작하기 전에 그리고 그 중간중간에 시뮬레이션을 많이 하면 할수록 일의 질質은 좋아지고 문제해결을 쉽게 하며, 돌발상황에 직면해도 당황하지 않고 차분히 대응할 수가 있습니다. 또 당신의 주관적인 생각과 감만 가지고 일을 착수하기보다는 주변 사람들과 충분히 상의해보고 함께 진행상황을 점검해야만 발생 가능한 오류를 최소화하면서 원하는 성과를 만들어낼 수가 있습니다.

지구상에서 해발 8000미터가 넘는 봉우리는 총 14개가 있고 모두 히말라야와 카람코람 산맥에 위치해 있다고 합니다. 산악인들은 흔히 이것을 14좌座라고 하는데, 14좌 외에 8000미터가 넘으면서도 주봉과 산줄기가 같아 위성봉으로 분류되는 알룽캉(8505m)과 로체

샤르(8400m)를 합해 16좌라고 부릅니다. 세계 최초로 이 16좌 등정에 모두 성공한 사람이 다름 아닌 우리나라의 엄홍길 대장입니다.

엄홍길 대장은 단순히 남들보다 용감하고 대담하기 때문에 16좌를 세계 최초로 모두 오른 것일까요? 우리가 쉽게 예상하는 것과는 다르게 진짜 모험가나 탐험가들은 보통 사람들보다 훨씬 더 섬세하다고 합니다. 엄홍길 대장 또한 그의 세심함과 철저함이 대원들과 셰르파들에게 정평이 나 있다고 합니다. 우리가 평상시 걸어 다니는 평지에서는 아무것도 아닌 사소한 실수가 히말라야라는 높고 거친 산에서는 자칫 귀중한 생명을 잃게 만들 수도 있기 때문입니다.

그렇기 때문에 암벽 등반가들은 암벽의 입체사진들을 몇 백 장씩 찍어서 충분히 분석한 후 등반에 임한다고 합니다. 발을 딛는 곳은 여기, 손을 짚는 곳은 여기, 혹시 잘되지 않을 경우에는 여기, 그 다음은 여기 등. 그렇게 낮은 곳에서부터 정상까지의 모든 길과 과정을 사전에 시뮬레이션해서 완전히 외운 후에야 비로소 산에 오르는 것입니다.

명량대첩의 배경이 되는 울돌목은 그 형세가 아주 좁고 조류가 빠르며 시간에 따른 변화 또한 크다고 합니다. 이순신 장군이 그 지형이나 물의 흐름을 사전에 충분히 확인하고 시뮬레이션하지 않았다면 과연 13척의 배로 일본 배 133척을 물리칠 수 있었을까요?

깊이 천천히 생각하는 것보다는 빠르고 즉흥적인 것들에 익숙한 우리들에게 머릿속으로 하는 시뮬레이션이 쉽지만은 않을 수도 있고, 이러한 과정과 사전준비로 업무의 착수 시점이나 진도가 남들보다 다소 늦어질 수도 있습니다. 하지만 30초, 1분 조금씩 생각하는 시간을 연장하고 생각한 것을 시각화하는 습관이 생긴다면, 시뮬레이션하는 힘은 강해지면서 정확도는 높아지고 필요한 시간은 점점 짧아지게 될 것입니다. 더욱이 당신이 생각했던 시퀀스Sequence나 시나리오대로 일이 진행된다면 거기에서 느껴지는 희열과 쾌감은 이루 말할 수 없을 것입니다.

어렵고 시간이 많이 걸리는 일일수록 더 많은 시간과 노력을 사전 시뮬레이션에 투자하십시오. 평상시 생활 속에서도 자신의 1년 계획을 연초에 수립하면서 일주일 또는 한 달 단위의 이벤트 및 꼭 해야 할 일들을 생각하여 그것의 달성과 진행을 노트나 달력에 기록해보십시오. 집이나 회사에 커다란 칠판을 하나 사서 거기에 달성 정도를 수치나 그래프로도 그려보면서 관찰하는 것도 흥미로울 것입니다. 그래프가 낮거나 꺾이는 것이 눈으로 보이면 다시 시뮬레이션하여 전략이나 계획을 조정하는 것을 고민하고 반복해보십시오.

좋은 내비게이션은 목적지로 가는 길의 교통상황과 정체 여부를 스스로 판단하여 막히는 길을 피해 새로운 경로를 알려줍니다. 성실하게 정해진 길을 따라가는 것도 중요하지만 내가 하는 일의 최종 목표, 목적지가 상사나 회사가 원하는 바대로 올바르게 설정되었는지, 그 중간중간의 상황과 고객, 경쟁사들의 움직임의 변화에 따라 나의 경로를 수정할 필요는 없는지 지속적으로 점검하고 대처하기 바랍니다.

1. 실행하는 용기도 물론 중요하지만, 사전에 충분히 상황과 내용을 분석하고 예
측해야만 실패와 오류를 최소화할 수가 있습니다.

2. 시뮬레이션이 몸에 배게 되면 그 예측력과 정확도는 점점 강화되고 자신의 시
나리오대로 일이 진행되는 쾌감도 맛볼 수가 있을 것입니다.

10

메모광

인터넷과 각종 SNS, 모바일로 대변되는 지금, 조금 구닥다리 같은 이야기라고도 할 수 있지만 메모하는 습관을 갖기를 추천합니다. 특히 본인의 손으로 직접 기록해보십시오.

핸드폰의 자판이나 컴퓨터 키보드를 누르는 것과 손으로 쓰는 것이 뭐가 다르냐고 반문할 수도 있겠지만, 나는 자신 있게 다르다라고 말할 수 있습니다. 물론 타이핑은 손으로 쓰는 것보다 쓰고 지우는 것이 훨씬 편리하고 쉽습니다. 하지만 오히려 너무 쉽기 때문에 무작정 타이핑만 하다 보면 얼마 지나지 않아 손가락은 정지해 있고 모니터만 멍하니 바라보고 한숨을 쉬고 있는 사람들을 많이 보게 됩니다. 조금 불편하고 속도는 느릴지 모르지만 손으로 직접 적다 보면 복잡하고 어려운 상황과 내용들도 머릿속에 잘 정리가 되고 간단해질 수가 있습니다. 따라서 컴퓨터에 타이핑을 하더라도 그 전에 백지를 펼쳐놓고 해야 할 일이나 보고서에 대하여 대상이 누구인지, 무엇을 어떻게 풀어나갈 것이고 최종 결과물의 모양은 어떠해야 할지를 손으로 먼저 그려보면 그 효과를 알게 될 것입니다.

더욱이 직장에서 모든 업무를 카톡이나 문자 메시지와 같은 짧은 문장으로만 처리해낼 수는 없고 상대적으로 긴 장문의 보고서를 많이 읽고 빠르게 작성해야 합니다. 그것에 익숙하지 않은 사람들은 상당히 어려워하고 지나치게 많은 시간을 할애할 수밖에 없습니다. 모든 회의나 미팅에 자신의 노트북을 들고 다닐 수는 없고, 휴대폰의 녹음기능을 활용하는 것도 하나의 방법이기는 하겠지만 녹음한 것을 어차피 다시 듣고 옮겨 적어야 하는 추가적인 노력과 시간이 필요하게 됩니다.

쉬운 예로 직장에서 출장을 다녀와서는 출장복명서나 별도의 보고서를 회사에 제출해야 하는데, 평상시 꾸준히 메모하는 것을 연습해왔던 사람은 출장 중에도 큰 무리 없이 노트 필기나 기록을 할 수가 있었고 다녀와서 그것들만 잘 모아서 정리하면 별도의 시간을 들이지 않고서도 복명서를 마무리할 수가 있습니다. 반면에 메모가 익숙지 않은 사람은 출장 중에도 기록하는 것 때문에 고생할뿐더러 복명서를 작성할 때도 다시 서류들을 찾아보고, 심지어 미팅을 같이 했던 사람들에게 연락하여 재확인을 해야 하기 때문에 출장복명서가 또 하나의 큰 업무 부담이 되어버리고 맙니다.

메모는 이처럼 당신의 생각을 정리하는 데 큰 힘이 되고, 복잡한 보고서를 작성할 때의 기초가 되어 튼튼하고 완성도 높은 결과물을 만들어낼 수가 있습니다. 내가 메모광狂이라는 조금은 강한 표현을 사용했는데, 그만큼 중요하고 도움이 되기 때문입니다. 자꾸 적어 보십시오. 적다 보면 속도가 붙어 더 빠르고 정확하게 적어 나갈 수 있을 것입니다. 속도가 붙어 조금 여유가 생겼다면 도형이나 기호, 그래프로도 적어 둔 것을 재가공하여 표현해보십시오. 물론 글이 중요한 커뮤니케이션 수단임은 분명하지만 글보다는 그림이나 숫자, 그래프가 상대를 더 빠르고 쉽게 이해시킬 수가 있기 때문입니다.

메모는 당신의 삶을 더 풍요롭게 해줍니다. 처음부터 회사나 일과 관련된 것을 메모하고 적는 것은 고된 노동이 될 수도 있습니다. 따라서 빨리 익숙해지기 위해서, 그리고 무엇보다 의미 있는 습관이 되도록 하기 위해서 당신의 일상생활에서부터 실천해보기 바랍니다. 뉴스나 신문을 볼 때도 유익한 정보가 보이면 바로 적어보는 것도 좋은 방법이 될 것이고, 그동안 필기해 두었던 노트나 일기 또는 여행지에서 찍은 사진들을 정리하면서 메모나 기록을 해보는 것도 흥미로울 것입니다.

정기적으로 정리 및 기록을 해보면서 각각에 어울리는 제목을 달아 자신의 블로그나 카톡에도 올려보십시오. 한동안 잊고 있었던 즐거운 기억들도 새록새록 다시 생각나면서 다른 사람들과의 소통을 통해 더욱 자신에게 소중한 의미를 부여해줄 것입니다. 동시에 새로운 아이디어가 떠오르는 기회도 될 것입니다. 초등학교 시절 즐겨 하던 독서감상문을 작성하거나 재미있는 영화를 보고 나서는 자신의 느낌이나 평가도 적어보십시오. 그냥 스쳐 지나가게 되는 수많은 정보와 지식, 감정도 나만의 자산으로 남길 수가 있을 것입니다.

세계에 자랑할 만한 우리 고유의 문화재인 고려청자나 조선백자의 기술이 후손들에게 올바르게 전수되지 못한 것은 우리 조상들과 장인들의 자존심과 고뇌의 흔적이라고 할 수 있지만, 다른 한편으로 아쉬운 점은 그 노하우와 제작방법을 잘 기록하고 전달했다면 지금도 유럽이나 중국의 자기나 그릇 이상의 훌륭한 것들을 우리가 만들 수 있지 않을까 합니다.

우리의 기억과 감동은 시간이 지나면 금방 잊혀지고 사라져버리고 맙니다. 지금 당장 문구점에 가서 당신이 가장 마음에 드는 펜과 수첩을 사서 항상 주머니에 넣고 다니다가 자랑하듯 꺼내어 메모를 시작하십시오. 회사에서 지급되는 다이어리가 있다면 회사나 일과 관련된 중요한 목표나 자신의 꿈, 현황과 스테이터스Status를 기록해 두거나 오려서 붙여도 보십시오.

충실히 정성스럽게 적어 둔 만큼 다음에도 다시 보게 되고 활용할 수가 있습니다. 예를 들어 최근 많은 기업들이 시행하고 있는 고과평가를 할 때도 연말에 몇 달 전에 했던 일들을 머리를 싸매고 기억해낼 필요 없이 자신의 수첩만 펼쳐보아도 짜임새 있는 작성과 입력이 가능할 것입니다.

한국의 메모광들

강성모 BHC 창업자

- 군생활을 하면서부터 메모를 시작했고, 10년 동안 메모한 아이디어가 성공적인 창업의 기반이 됨.
- 1997년 BHC를 창업할 때, 스크랩한 신문 분량만 1톤 트럭 한 대분, 메모 다이어리 60권

조정호 전 코오롱 CEO

- 10년 넘게 걸려 회사의 모든 자료를 전산화하여 누구나 쉽게 찾아볼 수 있도록 전자문서함에 보관
- '한번 본 것은 그때 바로 기억하라'는 신조로 메모를 함.
- 결혼을 하면서부터는 가족일기를 쓰기 시작함.

안철수 메모의 경영학

- 아이디어는 휘발성이고 주기억장치만으로 모든 것들을 기억할 수가 없기 때문에 '메모'라는 보조기억장치를 활용
- 하루에 A4 3~4장씩 메모하고 노트북용 백팩에 넣어 가지고 다님.
- 메모를 묶어서 저서로 출간
- 독서를 하면서도 핵심 단어와 순간적인 느낌을 한 줄로 계속해서 메모함.

오경수 롯데정보통신 대표의 메모 통계

- 메모의 근본은 잊어버리는 것이고 메모하고 나면 그 일을 잊어버리는 대신 나머지 시간을 활용할 수 있다.
- 매주, 매달 메모 통계를 내고 재활용함.
- 하루 세 번 스케줄 적기: 책상 위 월간 일정표, 양복 주머니 속의 수첩 그리고 PDA
- 아날로그와 디지털 메모의 접목
- 1만 2천여 명의 인적 파일을 통해 인맥을 관리함.
- 22년 동안 신문 스크랩을 했고, 토요일, 일요일에는 명함, 메모, 자료를 정리

김영세 이노디자인 대표의 '냅킨 스케치'

- 식당에서 냅킨에 스케치한 것이 현재 회사의 로고가 됨.
- 문자로 기록하는 메모가 아닌 스케치 방식의 메모
- 여행할 때에는 '비행기 메모'를 즐김.

윤은기 한국과학종합대학원 총장의 '트리 메모법'

- 낙서하듯 메모를 함.
- 하루마다 아이디어 하나씩 메모함.

• 강의를 할 때마다 강의내용을 중심으로 나무의 줄기, 꽃, 열매를 그리면서 틀을 잡아나감.

이해선 CJ오쇼핑 대표의 '비즈니스 메모'
• 기호나 상징을 활용
• 메모지가 없을 때는 카메라를 활용
• 사무실과 집에 '아이디어 메모박스'를 만들어 수시로 적어서 넣고 꺼내보면서 정리

| **출처** 최효찬, 『한국의 메모 달인들』 |

1. 메모와 손으로 쓰는 글은 당신이 일을 구상하고 계획하는 데 설계도와 같은 역할과 도움을 줄 것입니다.

2. 평상시의 메모 습관은 당신의 삶을 더욱 풍요롭게 확장시켜 주고 더 좋은 아이디어와 개선을 창출할 수 있는 도구가 될 것입니다.

11

관계론

직장은 혼자서만 열심히 하는 곳이 아니라 여럿이 함께 해야 하는 새로운 공간이기 때문에, 사람 그리고 그들과의 관계를 말하지 않을 수 없습니다. '스타워즈'로 유명한 영화감독 조지 루카스는 한 인터뷰에서 "남의 성공을 도우면 나의 성공이 따라온다. 성공은 내가 주변 사람들을 얼마나 밟고 올라섰느냐에 따라 좌우되는 것이 아니라, 오히려 주변 사람들을 얼마나 끌어 올려주느냐에 달려 있는 것이다."라고 했습니다.

많은 사람들이 직장생활에서 가장 힘들고 어려운 것이 사람, 인간관계라고 말합니다. 그렇다면 반대로 그 관계만 성공적이고 친밀하게 만들고 원만하게 유지할 수 있다면 당신은 행복한 직장인이 될 수도 있는 것입니다. 이를 위해서 당신에게 일을 주고 평가를 하는 선배나 상사는 물론이고, 당신이 일을 주고 요청해서 다시 당신에게 결과물을 제공해주는 사람들과도 튼튼하고 유연한 관계를 형성하도록 꾸준히 노력해야 합니다. 지금은 백만 원짜리 소규모 계약으로 함께 일을 하는 관계이지만 각자가 성장하고 진급하여 다음에는 1억, 10억 원짜리 계약을 위한 미팅 석상에 다시 앉을 수도 있기 때문입니다.

인맥人脈은 금맥金脈이라고 했고, 직장 내에서는 적을 만들지 말라는 말도 자주 듣게 됩니다. 모든 것은 사람으로부터 출발하고 사으로 종결되며, 힘든 직장생활을 도와줄 수 있는 것 역시 사람밖에 없습니다. 직장을 딱딱하기만 하고 서로를 모르는 남들이 모인 어색한 공간으로만 생각한다면 그 생활이 점점 차갑고 어렵게만 느껴지겠지만, 반대로 모든 것은 사람으로부터 출발하고 사람으로 종결되며 힘든 직장생활을 도와줄 수 있는 것도 역시 사람밖에 없다고 생각한다면 주변의 동료들이 소중한 존재와 인연으로 다가올 것입니다. 또 현재의 갑을 관계가 시간이 지나거나 장소를 달리하면 언제 어떻게 뒤바뀔지 알 수가 없습니다. 당신에게 호감을 가지고 있는 누군가가 혹은 반대로 당신이 소홀하게 대한 누군가가 보이지 않는 곳에서 당신에 대한 칭찬이나 불만을 말하고 있을지 모릅니다.

많은 사람들이 효율적인 수입과 지출 관리를 위해 매일 가계부를 쓰고 있을 텐데, 그것과 유사하게 당신만의 '인맥가계부'를 작성해볼 것을 추천합니다. 내가 알고 있는 사람들의 이름과 전화번호,

이메일 주소들을 모두 나열해놓고 그들이 각각 어디에 살고 무슨 일을 하고 있는지, 오늘은 누구를 만났고 내일은 또 누구를 만날 계획인지를 하나하나 기록하고 업데이트 해보십시오. 새로운 인연을 맺는 것도 물론 중요하지만 지금 알고 있는 사람들과의 관계를 유지하는 것이 더 중요합니다.

나에게 소중한 사람이라고 말은 하면서 과연 그들과 얼마나 자주 연락하고 관심을 가지고 있는지 인맥가계부를 통해 한눈에 볼 수 있을 것입니다. 또한 새로운 사람과 빨리 친해지기 위해서 시기나 방법 그리고 좋은 장소에 대해 고민도 해보는 좋은 계기와 효과적인 수단이 될 것입니다. 물론 이 가계부 목록에 당신의 가족들이 빠져서는 절대 안 됩니다. 누구보다 당신을 가장 잘 알고 아무런 대가 없이 당신에게 조언을 해주고 지원해주는 사람이 가족들인데 너무 가깝고 잘해주기에 우리가 가장 잊기 쉬운 보물이기 때문입니다.

관계를 넓히고 유지하기 위해 큰돈이 필요한 것은 아니지만 그들에 대한 꾸준한 관심이 필요합니다. 관심과 관심사가 서로 통하기 위해서는 당신이 그들의 일과 생활을 충분히 이해해야 하고, 그러기 위해서는 평상시 다양한 지식과 정보를 숙지하고 있어야 합니다.

회사에서 건전한 관계형성의 시작을 위해서는 사내 동호회 활동을 추천합니다. 시간이 지나서 그 개수를 줄이더라도 가능한 한 다양하고 많은 활동을 하고 최소한 1~2개는 회사생활을 하는 내내 꾸준히 유지했으면 합니다. 새로운 사람들을 알게 되고 그 관계를 넓히는 데 많은 도움이 되는 것은 물론 당신의 정신적, 육체적 건강에도 많은 도움이 될 것입니다.

해외에 출장을 갈 때는 고객 또는 협력업체를 위해 작지만 한국적인 선물을 준비하여 전달하는 것을 추천합니다. 미팅의 분위기 및 성공적인 결과를 위해 도움이 되는 것은 물론, 그 선물을 받은 상대방은 당신을 잊지 않을 것이고 오랫동안 관계를 유지할 수 있는 좋은 시작점이 될 것입니다. 출장에서 복귀해서는 짧게라도 그들에게 감사의 메일을 보내고, 현지에서 서로 부담이 되지 않는 금액의 작은 기념품을 구입해 회사 내 주변 사람들, 특히 미팅에 도움을 준 사람이 있다면 선물하도록 하십시오. 잘 보이기 위한 아부성 선물이 아니라 평상시 도움받은 것에 대한 감사의 마음으로 전달해야 그 의미가 퇴색되지 않고 불필요한 오해가 없을 것입니다.

당신 회사를 방문하는 외국 사람에게도 선물을 준비하도록 노력하십시오. 서울 투어tour, 민속촌 방문도 좋지만 당신의 마음을 담을 수 있는 작지만 의미 있는 선물을 전달하기를 권합니다. 중국이나 동남아 사람들에게는 우리나라 드라마 DVD도 의미가 있을 것이고, 겨울철에 방문하는 더운 지방 사람들에게 자비로 귀마개를 선물하는 분도 본 적이 있습니다. 우리에게는 흔히 볼 수 있는 우스꽝스러운 귀마개에 불과할지 모르지만, 그 사람들에게는 신기하고 더욱이 추위를 이기는 데 큰 도움이 되는 값진 선물이 될 수도 있기 때문입니다.

회사 내에서 근무하는 아르바이트생들이나 청소 일을 도와주시는 아주머니, 경비원들과도 인사하고 대화를 나누어보십시오. 명절에는 주변 동료들과 상의해 그분들한테 작지만 의미 있는 선물을 한다면 그분들께도 보람이 되겠지만 당신의 직장생활에도 더 큰 의미와 활력소가 될 것입니다.

만일 당신이 소심하고 외향적 성격이 아니라서 사람들과 어울리는 것에 익숙하지가 않다면, 회사 내 재미있고 발이 넓은 사람들과 먼저 가깝게 지내는 것도 도움이 됩니다. 그 몇몇 분들과 부담 없이 어울리고 따르다 보면 자연스럽게 다양한 사람들과 만나는 기회가 생기게 되고, 어느 순간 당신도 모르게 회사 내에서 발이 넓은 사람이 되어 있을지도 모릅니다.

만만한 사람

폭넓고 다양한 관계를 가지기 위해 또 하나 추천하고 싶은 것은 만만한 사람이 되라는 것입니다. 나도 나름대로 좋은 학벌에 똑똑하다고 자만했지만 똑똑하고 훌륭한 사람들은 회사나 주변에 엄청나게 많았습니다. 더욱이 학벌이 좋다거나 똑똑하다고 해서 회사생활을 잘하고 좋은 성과를 내는 것이 절대 아니라는 것도 조금 늦었지만 깨닫게 되었습니다. 당신이 그러한 자만심으로 불필요한 마음의 벽을 자꾸 쌓다 보면 그만큼 다른 사람들의 숨겨진 가치를 알지 못하게 되고, 그들의 가치를 인정하지 않으면 그 사람들이 하는 말 또한 귀담아 듣지 않게 되어 점점 좋은 관계형성의 기회를 잃어버리게 되는 것입니다.

자신의 내적으로는 냉정하고 자신감을 가져야 하지만 사람들을 만나고 대화를 할 때는 스스로를 낮추고 부족한 면을 조금 더 보여주어야 오히려 사람들을 끌 수 있는 매력이 생기고 당신과 쉽게 대화를 시작할 수가 있습니다. 내가 너무 똑똑해 보이면 사람들이 경계하고 다가오지 않게 되고 그것이 반복되면 대화를 하는 데 보이지 않는 벽이 생기게 됩니다.

경계의 벽을 하나씩 하나씩 허물고 자신의 소중한 시간을 상대방에게 즐거운 마음으로 할애하여 언제나 누구든지 당신에게 부담없이 찾아와 마음 편하게 이야기하고 상의할 수 있도록 넓은 마음을 갖기 바랍니다. 회사는 한 명의 독단적인 천재가 필요할 때도 있지만 그보다는 조금 부족하지만 조직과 팀에 조화롭게 융화되는 사람이 더 많이 필요하고, 그 속에서 우리도 보람과 의미를 찾을 수가 있기 때문입니다.

진실되게 대하십시오. 성과와 성공이라는 수치적, 계산적 이해관계가 존재하는 직장에서 쉽지 않을 수도 있지만 사람과 대화할 때는 그러한 이해관계는 잊어야 합니다. 눈속임으로 하루, 일주일은 상대방을 속일 수 있지만 시간이 지나면 진심, 진정성은 다 알려지고 통하게 되어 있습니다.

작은 일에도 많이 칭찬해주고 또 감사의 마음을 자주 표현하십시오. 과거 은사님들에게도 안부를 묻고 찾아가 인사를 하십시오. 사람들은 당신의 작은 관심, 배려를 원하지 엄청나게 큰 선물이나 칭찬을 바라지 않습니다. 오히려 지나친 칭찬과 감사의 표현은 상대방에게 부담을 줄 수도 있습니다. 당신에게 무엇을 해주기를 기대하지 말고 당신이 먼저 주변 사람들, 상대방을 위해 적극적으로 도와주십시오. 함께 일하는 동료에게 "마무리는 내가 할 테니 먼저 퇴근해라."라고 말해본 적이 없다면 오늘 한번 해보십시오. 스피드가 필요할 때는 당신 혼자 열심히 일해야 하지만, 많은 사람들이 모여 있는 회사에서 오랫동안 즐겁게 일을 하려면 우선 그들과 함께 갈 수 있는 마음가짐이 필요합니다.

요즘 '먹방', 즉 음식을 먹는 방송이나 셰프가 유행처럼 번지고 있는데, 직장생활연구소의 손 박사의 말대로 스트레스에 대한 자신만의 레시피를 만들어보는 것도 좋을 것 같습니다. 하루 종일 일과 사람들에 치이다 보면 기분이 상하거나 스트레스 지수가 상승하는 순간이 오기 마련입니다. 예를 들어 어떤 회의석상에서 상대방과 의견 차이로 충돌을 하면 감정싸움이 되기 전에 잠시 자리를 피하는 것도 방법입니다. 회의실에서는 꽉 막히고 잊고 있었던 내용이나 상대방의 말의 의미가 맑은 공기를 마시면서 자연스럽게 이해가 되고 리프레시된 정신으로 다시 회의를 이어나갈 수가 있을 것입니다.

새로운 좋은 관계를 맺고 기존의 관계를 유지하기 위해서는 먼저 자신의 머리가 맑아야 하고 긍정적인 마인드를 가지고 있어야 합니다. 그동안 자신의 스트레스 유형이나 원인들을 뒤돌아보고 다른 사람들의 스트레스 해소법을 들어보면서 나만의 스트레스 해소 레시피를 하나씩 만들어간다면 회사는 물론 가정에서도 즐거운 생활을 하는 데 많은 도움이 될 것입니다.

내부고객 관리

보통 고객顧客이라고 하면 우리는 내 물건을 구매하고 이용하는 사람, 즉 외부의 누군가를 생각하기 쉽습니다. 하지만 고객은 외부에만 있는 것이 아닙니다. '안에서 새는 바가지는 밖에서도 샌다'라는 속담도 있듯이 내부고객을 잘 관리하지 못하는 사람은 외부고객과의 관계도 원만하지 않을 수밖에 없습니다. 그럼 직장에서 일하는 당신에게 내부고객은 누구를 말하는 것일까요? 상사는 물론, 동료, 선후배, 내가 일을 요청하는 사람 등등 거의 모든 사람이 내부고객이라고 할 수 있습니다.

직장을 제2의 집이라고 합니다. 이른 아침부터 일을 시작하여 집에 귀가하는 시간이 보통 7~8시경이 되고, 출퇴근 교통시간까지 고려한다면 하루 24시간 중 가장 많은 시간을 직장에서 보내기 때문일 것입니다. 식사 또한 점심은 물론 저녁까지도 동료, 선후배들과 함께 하는 경우가 많으니 식구食口와 다름없다고 하겠습니다. 식구는 절대 경쟁자라고 부를 수는 없는 가족이고, 당신은 식구들과 함께 그들을 위해 매일 일하고 봉사하는 것입니다.

후배를 위해 당신의 시간을 투자하십시오. 당신이 후배들에게

다음 중 가장 일하기 싫은 직장동료 유형은 무엇인가요?

유형	비율
책임회피형	25.5%
문란조장형	19.9%
이기주의형	16.8%
아수라백작형	11.3%
아첨꾼형	9.7%
변비형	8.9%
까도남/까도녀형	5.5%
착한바보형	2.4%

출처 취업 검색엔진 '잡서치'가 남녀 직장인 752명을 대상으로
직장인 인간관계에 관한 설문을 진행한 결과 2015.12.22

베풀어준 만큼 그들은 성장할 것이고, 성장한 만큼 당신은 보람을 느끼면서 동시에 든든한 우군을 얻게 되는 것입니다.

엄마의 법칙을 적용하라

이것은 코카콜라 아프리카 담당 CEO인 짐 래퍼티^{Jim Lafferty}가

다음 중 가장 일하기 싫은 직장동료 유형은 무엇인가요?

수호천사형	25.6%
분위기메이커형	20.5%
빙그레형	14.9%
눈치9단형	13.1%
잡마스터형	11.6%
도플갱어형	10.3%
심쿵형	4.0%

출처 취업 검색엔진 '잡서치'가 남녀 직장인 752명을 대상으로
직장인 인간관계에 관한 설문을 진행한 결과 2015.12.22

강연한 '삶과 일의 조화Work Life Balance를 위한 16가지 기본 룰Ground Rule' 중 하나입니다. 회사생활에서 잘 판단이 서지 않을 때 엄마의 법칙을 적용하라는 말입니다. "우리 엄마라면 어떻게 하셨을까?" 다시 말하면 당신의 회사 동료, 선후배, 그리고 협력업체 사람들을 나의 가족, 형제, 자녀와 같이 생각하고 대하라는 것입니다. 어머니의 위대한 사랑만큼은 하기 어렵겠지만, 그러한 마음과 태도를 항상 머릿속에서 생각하고 서로가 서로를 감싸주고 이해하려고 노력한다면

직장의 분위기가 훨씬 좋아지고 성과 또한 저절로 향상될 수가 있을 것입니다.

앞에서 말했듯 직장은 학교보다 상대적으로 움직입니다. 내가 조금 더 일하면 당신의 다른 동료들의 일은 그만큼 줄어들게 됩니다. 나는 또한 당신이 직장을 다니는 것은 돈이라는 금전적, 경제적 이유도 물론 있지만 더 큰 의미는 기여, 봉사, 서비스라고 강조했습니다. 일을 못 하면 다시 하면 되지만 사람의 마음, 인심을 잃게 되면 돌이킬 수가 없음을 항상 마음에 새기기 바랍니다.

일의 목적을 나의 성과만을 추가하고 따라가는 데 두기보다는 그 뒤에 있는 사람들, 그리고 그 관계를 생각하면서 배려하는 자세로 임해야 합니다.

삶과 일의 조화를 위한 16가지 기본 룰

1. 자신의 5가지 역할을 정하고 역할별로 균형을 맞춰라.
2. 삶과 일의 일정을 하나의 스케줄러로 관리해 서로 부딪히지 않도록 하라.
3. 삶과 일에서 하나를 결정해야 할 순간이 오면 가족을 먼저 선택하라.
4. 진정한 휴가를 가져라.
5. 일을 수행하기 위한 기본을 확실히 마스터하라.
6. 8대 2의 균형을 맞춰라.
7. 후배들을 교육하고 권한을 위임하라.
8. 하루에 최소 30분은 운동을 하라.
9. 관계에 충실하라.
10. 다양한 신기술들을 일과 삶에 접목하라.
11. 죽기 전에 해야 할 100가지를 정하고, 일 년에 최소 두 개는 행하라.
12. 직원들은 신뢰하고 믿어주는 만큼 기대에 부응할 것이다.
13. 판단이 잘 서지 않을 때 엄마의 법칙을 적용하라. 우리 엄마라면 어떻게 하셨을까?
14. 당신이 심어서 기를 수 있는 음식을 먹어라.
15. 일과 삶을 하나로 통합하라.
16. 세상에서 얻은 것들을 다시 세상과 이웃들에게 돌려주어라.

| 출처 짐 래퍼티 강연 |

1. 직장생활에서 가장 힘들고 어렵다는 인간관계. 하지만 반대로 그것만 잘 관리
   할 수 있다면 당신은 회사 내에서 행복해질 수 있고 성공할 수가 있을 것입니다.

2. 관계와 사람은 당신이 베푼 만큼 거둘 수가 있을 것이고, 당신이 진심과 열정을
   보여준다면 억지로 노력하지 않아도 얻게 되는 소중한 보물입니다.

12
누가 나를 평가하나?

학교에서는 교사 혹은 교수 한 사람이 우리에게 시험과 리포트 등으로 성적을 매겨 점수를 부여했습니다. 그럼 회사에서의 평가는 누가 어떻게 해 이루어질까요? 특히 일부 회사의 경우 연봉제라는 제도에 의해 평가결과나 고과에 따라 그다음 해의 개인별 연봉 금액이 조정되기도 합니다. 쉽게 말해 일을 잘하고 성과가 좋은 직원에게는 더 많은 월급을 지급하여 그 보상 및 동기부여를 해주고, 그렇지 못한 저성과 직원에게는 일정 부분 급여를 낮추어 일종의 불이익penalty을 부과합니다. 직장인이라면 누구나 이 평가와 보상에 대해 많이 궁금해하고 신경이 쓰일 수밖에 없을 것입니다.

평가자를 생각할 때 아무래도 가장 먼저 떠오르는 것은 당신의 직속상관이나 팀장일 것입니다. 일부 기업들의 경우에는 '다면평가'

방식을 통해 해당 업무와 관련된 다수의 동료들에 의해 평가와 피드백feedback을 받아 고과에 반영하기도 합니다. 하지만 이런 직접적이고 단기적인 평가보다는 더 근본적이고 장기적인 평가와 평評, 평판評判에 대해 먼저 이야기하고자 합니다. 다시 말해, "누가 나를 평가하나요?"라는 질문에 대한 답을 "물론 직장에서 매일같이 만나는 상사와 주위 사람들이 우리를 평가하지만, 동시에 당신의 주변이 아닌 저 멀리 잘 알지도 못하는 어느 누군가도 평가하고 있다."라고 말하고 싶습니다.

내가 여기서 강조하고자 하는 것은 그 평가 혹은 소문은 기하급수적으로 확산된다는 사실입니다. 가령 당신이 직장 내 혹은 외부의 한 사람에게 좋은 평가를 받고 원만한 관계를 가지고 있다고 가정해 봅시다. 또는 반대로 어떤 한 사람에게 부정적인 평가를 받고 있다고 합시다. 그 한 사람은 주변의 2~3명에게 비슷한 이야기를 무의식중에 하게 될 것이고, 다시 알지도 못하는 그 2~3명이 다른 사람들에게 당신에 대한 평을 전하게 됩니다.

직장은 한정된 공간이고 현재 같이 일하는 사람 그리고 앞으로 만나게 될 사람들 또한 크게 다르지가 않기 때문에 어느 순간에는 당신을 만나본 적도 없는 누군가가 당신에게 호감을, 다른 일부는 경계심을 가지게 된다는 것입니다. 혹시라도 와전되었을 그 평과 평가를 정정하기란 상당히 어려울 수밖에 없습니다. 하나의 예로, 어떤 실수를 했을 때 당신이 상사나 주변 사람들로부터 평상시 꾸준히 신뢰를 쌓았다면 "요즘 많이 바쁜가 보네, 안 하던 실수를 다하고."라고 웃어넘길 수도 있으나, 그 반대의 경우라면 "그럼 그렇지, 내가 이럴 줄 알았어."라는 조롱 섞인 비판을 받을 수도 있습니다.

　물론 이러한 소문과 평에 대해 민감하게 반응하거나 하루하루를 남의 눈치만 보면서 아부하라는 것은 절대 아닙니다. 말 한 마디 한 마디, 행동 하나하나에 조심하고 나보다는 상대와 회사를 위해 노력하라는 것입니다. 당신에게 호감을 가지고 긍정적인 평가와 이야기를 해주는 사람들이 많으면 많을수록 당신이 어려운 상황에 닥쳤을 때 도움과 지원을 쉽게 받을 수 있을 것이고, 그렇지 못할 경우에는 예상치 못한 곤경에 점점 빠져들 수도 있음을 경계하라는 것입니다. 실제로 나는 직장생활 4년차 무렵, 참석하지도 않았던 회의에서 알지도 못하는 한 분이 옹호해준 덕분에 불필요한 오해가 생길 뻔했던 일을 벗어났던 경험이 있었습니다.

　"나도 그 친구를 잘은 모르지만, 일만 열심히 하고 주변에서 평이 나쁘지 않더라."

　보이지 않는 곳에서도 항상 열심히 하십시오. 지금도 회사의 누군가는 당신을 지켜보면서 나름대로 점수를 매기고 있을지도 모릅니다. 그 평가를 통해 당신은 뜻하지 않았던 좋은 기회를 맞게 될 수도 있고, 반대로 보이지 않는 내부의 적들을 자꾸 늘려 갈 수도 있습니다. 또 당신의 진짜 경쟁자는 당신의 주변에 있는 사람들이 아니라, 잘 보이지도 잘 알 수도 없다는 것을 명심해야 합니다. 대학 시절 '롤링페이퍼rolling paper'라는 것을 많이 하는데, 그때 다른 사람들이

나를 바라보고 적은 쪽지들을 보면 얼마나 자신에 대한 평가가 다양한지를 새삼 알 수 있었을 것입니다.

티내면서 일하기

힘들게 직장생활을 하면서 고과가 나쁘고 진급에서 누락된다면 누구나 불만이 쌓이고 좌절을 할 테지요. 하지만 직장인들이 받는 스트레스라는 것이 꼭 이 두 가지에서만 기인할까요? 회사나 팀의 성과가 상대적으로 부진하여 고과가 조금 나쁘고 설령 진급에서 누락되었더라도, 직장 상사나 주변 사람들이 당신을 인정해주고 믿음을 가지고 있다면 그 좌절과 불평은 조금 덜하지 않을까요? 그래서 나는 조금 유치하기는 하지만 당신이 직장에서 지나치게 거슬리지 않는 범위 내에서 티를 내면서 일하기를 권합니다.

신입사원 시절 그리 활달한 성격도 아니고 아직은 자신의 목소리를 내기가 두려웠던 때, 나는 그냥 묵묵히 성실하게 열심히 일하는 직장인 중 한 명이었습니다. 그러던 어느 날 평상시 존경하던 상사 한 분이 나에게 이렇게 말했습니다.

"지금부터 전화를 받을 때 항상 일어나서 받도록 하세요."

그분은 주변 사람들도 다 들을 수 있을 정도의 큰 소리로 말씀을 하셨지요. 그 당시에는 참 어이가 없고 창피해서 너무 싫었습니다. 눈치를 보다가 상사가 지시하신 것이니 어쩔 수 없이 항상은 아니었지만 가끔 전화를 일어나서 받았습니다. 최대한 작은 목소리로 말하려 했지만, 일어나서 전화를 받다 보니 자연스럽게 주변 사람들도 내가 말하는 내용을 들을 수밖에 없었겠지요. 신기한 것은 그렇게 한두 달 정도 지나다 보니 이런 말이 내 귀에 조금씩 들려왔습니다,

"아니 저 친구가 이런 일까지 하고 있었던 거야?"

"보기와 다르네. 그동안 저 친구가 우리들을 많이 도와주고 있었네."

돌이켜보면 아마 그 상사는 내가 너무 조용히 일만 하여 저의 능력이나 성과에 비해 저평가되고 있다고 판단했던 것 같습니다. 그래서 일어나서 전화를 받게 함으로써 다른 사람들에게 나를 알릴 수 있는 기회를 주려 했던 것이 아닐까 생각됩니다.

당연히 억지로 자신의 자랑을 하려고 하면 상대방의 귀에 거슬리게 됩니다. 성격이 외향적인 사람은 스스로가 적당히 알아서 자기 PR을 하지만 나 같이 약간은 소심한 사람들이나 여성들은 상대적으로 자신의 능력을 대외적으로 어필할 수 있는 기회가 적으며 주저하게 되어 자신이 한 성과 대비 가끔은 조금 낮은 평가를 받을 수가 있습니다.

그럴 때 용기를 내어 한번 일어나 큰 소리로 전화를 받아보십시오. 처음에는 쑥스럽고 어색할 수도 있지만 몇 번 하다 보면 일이나 회사생활에 자신감을 가질 수 있음은 물론이고 자신에 대한 PR도 자연스럽게 이루어집니다. 억지로 기회를 잡으려고 자랑하라는 것이 아니라, 자신에게 공정하게 돌아와야 하는 기회와 보상을 놓치지

말라는 의미입니다.

　회사에 다니다 보면 생각보다 자주 아이디어 공모전이나 의견을 취합하는 경우가 많습니다. 대부분은 큰 관심이나 성의 없이 지나쳐버리고 일부는 의무감에 별다른 고민 없이 형식적인 제출을 하지요. 나는 바쁜 회사생활이지만 평상시 길을 걸을 때나 출퇴근 시간을 최대한 활용해 자신만의 의견을 적극 제출하기를 권합니다. 또한 실현이 가능하다는 전제하에 약간은 별나고 획기적인 아이디어를 생각해보십시오. 아이디어 자체가 채택되지는 않더라도 회사는 당신을 다시 한 번 눈여겨볼 것입니다.

　과거에는 조용하고 묵묵히 열심히 일만 하면 인정받는 것이 우리나라의 사회와 기업문화였지만, 지금은 점점 빠르게 변화해가고 있습니다. 회의 때 머릿속으로 고민만 하다가 어떤 사람의 의견이 채택되어 보상과 칭찬을 받을 때 "나도 똑같은 생각을 하고 있었는데……." 라고 더 이상 후회하는 일이 없었으면 합니다. 조용한 다수가 되기보다는 가끔은 약간 튀는 소수가 되기를 추천합니다. 평소에 당신이 성실한 모습을 충분히 보여주었다면, 가끔의 엉뚱함과 튀는 행동은 당신의 회사 내 가치와 위상을 더욱 높여줄 것입니다.

　믿겨지지 않겠지만 내가 어릴 때, 아니 2000년이 되기 전까지만 해도 핸드폰이 지금과 같이 보편화되지 않았었습니다. 엉뚱한 상상과 제안을 많이 하되 가능한 한 논리적이고 기술적인 근거를 찾고 또 그것을 이루어내기 위해 꾸준히 노력을 한다면, 당신은 사람들의 인기와 좋은 평가를 동시에 받을 수가 있을 것입니다.

1. 평가는 당신이 평상시 보여준 태도와 행동이 누적되면서 자연스럽게 그려지는 화석 이미지와 같은 것입니다.

2. 평가가 나쁘다고 남을 탓하기보다는 자신이 얼마나 열심히 했는지 스스로 뒤돌아볼 줄 알아야 하고, 기회가 생겼을 때는 당신의 가치를 100% 보여주기 위해 평상시 준비하고 노력하는 자세가 필요합니다.

13

에너지와 혼

하루하루가 쉽지 않은 직장생활이라고 합니다. 그럼 가장 행복한 직장인은 누구일까요? 에버랜드나 롯데월드에 가면 놀이기구를 타기 위해 대기하는 줄 근처에 항상 진행요원들이 있습니다. 그들은 손을 흔들고 율동을 하면서 큰 소리로 노래 부르듯 안내를 해주고 가장 중요한 안전사항들에 대해서도 기분 좋게 관람객들에게 전달합니다.

　　하루 종일 서 있으면 많이 지칠만도 하지만 그들에게서 그러한 피로감은 전혀 찾아볼 수가 없고, 오히려 그들의 밝은 에너지가 고객들에게도 전달되어 놀이공원에 찾아온 사람들도 저절로 신이 나고 기분이 좋아지게 됩니다. 이렇게 긍정의 기운과 에너지는 자신은 물론 주변 사람들에게 그리고 부서와 회사 전체로 순식간에 펴져나가는 힘이 있습니다.

피곤해하며 짜증을 내면서 출근하는 대신, 매일 아침 한두 가지 웃을 수 있는 일 또는 상황을 머릿속에 그려보십시오.

'오늘 아침 화장이 아주 잘된 것 같은데?'

'어젯밤 개그 프로그램에서 본 재미난 이야기를 회사 사람들에게도 들려주면 좋아하겠지?'

'오전 미팅 때 그동안 내가 충실히 준비해온 내용을 발표하면 칭찬을 받겠지?'

이런 생각을 하면서 당신 스스로가 즐거워지는 것은 물론, 그런 당신과 함께하는 주변 사람들도 그 힘과 에너지를 받아 함께 행복해 질 수가 있을 것입니다.

팔만대장경은 고려 고종 23년(1236년)부터 38년(1251년)까지 총 16년에 걸쳐서 만들어진 것으로, 알려진 대로 거란과 몽골의 침략을 부처님의 도움으로 지키고자 했던 소망에서 작업이 시작되었다고 합니다. 경판經板의 수는 정확히 8만 1258개이고 전체의 무게는 무려 280톤에 육박하며 그것을 쌓으면 약 3200미터 높이로 백두산(2774m)보다 높다고 하니, 고려라는 시대적 상황을 고려한다면 정말 엄청난 분량이 아닐 수 없습니다. 그럼 이 메가Mega 프로젝트에 참여했던 사람들은 어떠했을까요?

지리산에서 벌목한 나무를 바닷길로 강화도까지 운반해 3년 동안 바닷물에 담근 후 그늘에서 말리는 것으로 작업이 시작됩니다. 그 나무를 커다란 가마솥에 넣어 쪄서 말린 후 옻칠을 하여 판목을 만들고 세로 8치, 가로 2자, 두께 1치 2~3푼으로 자른 후 양쪽 끝이 뒤틀리지 않도록 각목과 장식을 붙였다고 합니다.

먹고 자는 것도 쉽지 않았을 전쟁 중에서도 이 엄청난 작업을 계획하고 완성될 때까지 추진 가능하게 한 힘과 에너지는 어디에서 나왔을까요? 그것은 아마도 작업자들, 일종의 직장인들 모두가 하나의 간절한 바람, 같은 꿈을 꾸면서 서로를 격려했던 에너지와 혼魂이 아닐까 생각합니다.

당신도 당신의 일에 혼을 담으려고 노력해보십시오. 더운 여름에도 추운 한겨울에도 팔만대장경을 만드셨던 우리 조상님들, 또는 도자기에 혼魂을 담기 위해 수없이 많은 도자기들을 깨부수는 장인들의 정신을 당신의 회사와 일에도 심으려고 노력해보십시오.

'나는 이 정도까지만 하면 되는 거지 뭐.' '내가 이런 것까지도 해야 하나?' 이런 생각이나 행동을 자꾸 하면 그런 당신의 마음가짐을 다른 사람들도 느끼게 되고 일의 성과 또한 그러한 생각을 따라가게 됩니다. 더욱이 자꾸 어려운 업무나 경험, 현장을 피하려고 하다 보면 어느 순간에 당신은 그런 사람으로 낙인이 찍혀버리고, 그러한 낙인이 한번 찍히면 당신이 회사 내에서 설 자리는 점점 줄어들 수밖에 없습니다.

처음부터 당신에게 어렵고 큰일을 맡기는 회사는 어디에도 없습니다. 하지만 당신이 작고 쉬운 일을 남들보다 더 완벽하게 마무리한다면, 하기 싫어하는 일도 진정으로 열심히 한다면 그런 당신의 모습은 빛나게 될 것이고 반드시 더 나은 업무와 기회가 주어질 것입니다.

가장 성공한 기업인, 직장인이라고 할 수 있는 스티브 잡스는 서른 살이 되던 해에 자신이 만든 회사인 애플에서 쫓겨났습니다. 절대 100% 당신에게 맞는, 하고 싶은 일만 회사에서 할 수는 없습니다. 어쩌면 일이 재미없는 것은 자신 스스로가 아니라 누가 시키는 것을 억지로 한다는 생각을 가지고 당신이 일을 하고 있기 때문일지도 모릅니다.

그렇다면 하기 싫은데 의무적으로 하는 일의 시간은 자꾸 줄이는 대신, 내 스스로가 자발적으로 일을 찾아서 한다면 일과 회사는 더 즐겁고 행복해지는 것 아닐까요? 하기 싫었던 일도 잘하면 칭찬과 보상이 따라오고, 상사와 회사로부터 유사한 보상과 인정을 다시 받기 위해서 과거에는 하기 싫었던 그 일이 다음에는 하고 싶은 일로 바뀔 수도 있습니다.

회사의 실적이 나빠지면 당연히 분위기는 안 좋아지지만, 그 반대로 되면 분위기는 물론 보상도 자연스럽게 따라오게 됩니다. 따라서 우리 부서와 회사의 발전이 곧 나의 성공이라는 것을 마음속에 새기고 작은 업무 하나하나, 사람 한 사람 한 사람을 정성스럽고 소중하게 다루고 대우해야 합니다.

놀이공원의 진행요원처럼 나와 회사와 모든 사람들의 행복과 만족을 하나로 연결Align할 수 있다면 당신은 매사에 혼을 담아 일할

수 있을 것입니다. 그러한 자세와 모습은 조금씩 확산되고 그 힘과
에너지로 회사는 즐거운 일터가 되고 더욱 성장할 수 있는 원동력이
될 것입니다.

The foolish man seeks happiness in the distance. The wise grows it
under his feet.
어리석은 자는 멀리서 행복을 찾고 현명한 자는 자신의 발치에서
행복을 키워간다.

— 제임스 오펜하임James Oppenheim

한국인의 행복을 위한 맞춤형 10대 제언

1. 행복감을 느낄 때 '행복하다'고 말하는 걸 주저하지 않기
2. 하루에 한 번 이상 가족, 친지, 동료에게 칭찬하기
3. 일주일에 한 번 전화기를 끄고 혼자만의 공간에서 시간 보내기

자기 시간	나를 위한 시간을 가지려고 노력하는 사람 63.26
	노력하지 않는 사람 45.56

• 숫자는 행복지수 점수로 100점 만점 기준(이하 동일)

4. 하루에 한 번 나만의 뉴스 키워드 뽑아보기

사회 관심	뉴스 등 사회적 이슈에 관심이 많은 사람 60.93
	관심이 적은 사람 47.72

5. 일주일에 한 번 사랑하는 사람을 위한 스타 셰프 되기
6. 한 달에 한 번 자원봉사 또는 기부하기

	봉사하는 고소득자 68.72
봉사	봉사 안 하는 고소득자 54.44
	봉사하는 저소득자 62.44
	봉사 안 하는 저소득자 46.64

• 고소득자는 월소득 300만 원 이상 / 저소득자는 월소득 300만 원 미만

7. 한 달에 한 번 자신을 위해 선물하기

8. 한 달에 한 번 문화 · 스포츠 관람 체험하기

취미	취미생활에 적극적인 사람 66.37
	취미생활에 소극적인 사람 49.05

• 50대 기준

9. 1년에 한 번 새로운 경험에 도전하기

10. 10년, 20년 뒤의 내 모습을 그려보고 때때로 수정하기

미래 계획	먼 미래를 목표로 사는 사람 60.96
	가까운 미래에 집중하는 사람 55.44

• 40대 기준

| **출처** 동아일보, 딜로이트컨설팅, 대한신경정신건강의학회 곽금주 서울대 교수팀 |

1. 왜 당신은 놀이공원의 진행요원들처럼 즐겁게 일하지 않고 에너지가 보이지 않나요?

2. 긍정의 에너지는 상대방까지 행복하게 만드는 힘이 있고, 당신이 혼과 열정을 다해 일하면 자연스럽게 발산하고 확산되는 신비한 기운입니다.

14

메일학 개론

과거에는 직장 내에서 많은 서류뭉치를 들고 다니고 결재도 결재판에 넣어 보고하고 서명을 받았습니다. 물론 지금도 일부 주요 문서나 결재들은 서지를 사용하고 있지만, 그 빈도수는 점점 줄어드는 추세이고 대부분의 결재가 사내 온라인on-line 시스템으로 이루어지고 있습니다.

내가 신입사원 시절 궁금해했던 질문인 "회사에 가면 하루 종일 무엇을 할까?"의 답 중 하나는 책상에 앉아 모니터 속의 메일을 읽고 메일을 보내는 것이라고 할 수 있습니다. 다시 말하면, 메일을 빨리 읽고 올바르게 판단해 그 메일의 회신을 잘하는 것이 회사생활을 잘하는 것이라고 말할 수 있을 정도로 직장에서 메일은 중요한 수단이자 업무 자체가 되기도 합니다.

그럼 어떻게 해야 메일을 잘 쓸 수가 있을까요? 여기서는 친구들 간의 짧은 문장이 아닌, 일정 부분 격식도 생각해야 하는 직장에서의 메일 작성에 대해 이야기해보려 합니다.

첫 번째, 간결하고 쉬운 메일을 쓰라고 말하고 싶습니다. 어떤 사람들은 멋있는 메일을 작성하기 위해 각종 미사여구와 어려운 단어들, 심지어 한자까지도 넣어서 메일을 작성합니다. 문장은 길고 난해하기 일쑤이고, 무슨 이야기를 하고자 하는 것인지조차 알 수가 없는 경우도 종종 경험하게 됩니다. 그러면 그 메일을 받는 사람이 다시 이런 메일을 보냅니다.

"여기 여기가 잘 이해되지 않는데 무슨 뜻입니까?"

처음 메일 쓴 사람은 다시 메일로 설명을 해주어야 하는데, 이런 식의 반복은 메일을 쓰는 사람이나 받는 사람 모두의 시간을 잡아먹는 것이고 하지 않아도 되는 업무 하나를 스스로 만드는 꼴이 되고 맙니다. 더욱이 그 메일을 보낼 때 10명을 수신인 또는 참조처로 넣어 함께 발송했고 추가적인 질문과 회신 메일을 계속 받게 된다면 다른 9명의 소중한 시간도 낭비하게 만드는 겁니다. 만일 10명 중 또 다른 한 명이 다른 질문을 하게 되면 그 메일은 끝나지 않고 계속 빙글빙글 돌게 되어 원하지 않는 메일을 계속 받고 읽게 되는 불상사가 발생할 수도 있습니다.

다음 장에서 다시 강조하겠지만 불필요한 일을 하지 않는 것, 쓸데없이 낭비되는 자신과 상대방의 시간과 에너지를 하나씩 줄여 나가는 것이야말로 직장인이 꼭 명심해야 할 수칙 중 하나입니다.

자신은 물론 다른 사람의 시간 낭비를 사전에 방지하기 위해 처음에 메일을 작성해 발신 버튼을 누르는 당신이 최대한 쉽고 간결한 메일을 작성해야 합니다. 계속 "Re:Re" 나 "Fwd:" 가 따라붙는 메일이 아니라, 메일을 받는 모든 사람들이 의구심이나 오해 없이 한 번 읽고 이해할 수 있는 명쾌하고 간결한 메일을 작성하도록 충분히 고민하고 노력을 기울여야 합니다.

두 번째, 메일을 발송하고 일정 시간이 지난 후 가급적 유선으로 수신인과 통화하십시오. 직장인들은 하루에도 수없이 많은 메일을 받고 회의에도 참석하게 됩니다. 조금은 번거로울 수도 있지만 전화 통화가 필요한 이유는 다음과 같이 정리됩니다.

우선 당신이 송부한 중요한 메일에 대해 다음 행동action이나 조치를 해주어야 할 수신자가 업무에 쫓겨 메일 확인을 못 할 수도 있기 때문입니다. 며칠이 지나서 당신이 왜 회신이나 피드백이 없느냐고 물었을 때, 수신인이 "무슨 메일?" "나 메일 못 받았는데?"라는 답을 듣는다면 황당할뿐더러 그만큼 해당 업무의 진도가 나가지 못해 시간적 손해와 지연이 발생하게 됩니다. 말할 것도 없이 이때 그 가장 큰 피해자는 당신이 될 수밖에 없기 때문입니다.

또한 수신인이 당신의 메일 의도와 목적을 정확히 파악했는지 구두로 확인해볼 필요가 있습니다. 당신이 아무리 간단하고 쉬운 메일을 작성했어도 상대방은 잘못 이해할 수가 있고, 특히 다수의 수신인들이 자신의 맡은 분야에서 후속 행동을 해야 할 경우에는 더욱 심각합니다. 서로의 이해 정도가 상이해 각자의 이해대로 업무를 한참 동안 진행하다가 나중에 일의 정리와 마무리를 위해 한자리에 모였을 때 모든 결과물들의 방향이 제각각이면, 일의 처음부터 다시 설명하고 업무를 새로 시작해야 하는, 속된 말로 'back 도'를 하게 되는 경우가 회사에서는 종종 발생하기 때문입니다.

세 번째, 보내는 메일의 수신인 수를 가급적 줄이고 가능하다면 한 명으로 지정해 보내는 노력이 필요합니다. 수신자를 한 명으로 못 박는 것은 생각보다 쉽지 않고 용기가 필요할지도 모릅니다. 그 한 사람에게 부담감과 거부감을 줄 수 있기 때문입니다. "왜 저 사람이 나에게 일을 시키는 것이지?" 따라서 메일 발송 전 충분한 공감대 형성이 필요하고 메일의 내용 또한 논리적이고 공손해야 합니다. 이러한 사전 공감대를 수신인 또는 참조인들과 가지지 못하거나 혹은 귀찮아하는 일부 사람들은 메일 수신인 수를 2명 이상으로 지정해 자신에게 돌아오는 부담을 줄이고 책임을 회피하려 합니다.

하지만 그럴 경우 누가 최종 행동이나 마무리를 해야 할 업무의 담당자owner인지가 불명확해지는 경우가 발생합니다. 또한 서로 눈치만 보다가 불필요한 시간 지체가 생기는 것은 물론 때로는 해당 업무의 R&R Role and Responsibility에 대해 개인 또는 부서 간 다툼이 생기기도 합니다. 따라서 이러한 지연과 다툼을 미연에 방지하기 위해서라도 메일을 처음 기획하고 작성하는 당신이 조금 더 자신의 시간을 할애하여 사전에 확인하고 수신인 및 관련 분들과 협의하고 소통하려고 많이 노력해야 하며 동시에 메일도 공들여 작성해야 합니다.

　　네 번째, 수신인 수는 물론 메일 참조인들의 수도 최소화하려고 노력해야 합니다. 이를 위해서는 용기는 물론, 그 업무에 대해 자신이 충분히 내용을 파악하고 앞뒤 인과관계를 명확히 알고 있어야 가능합니다. 어떤 일을 충분히 파악하려고 노력을 기울이지 않으면 자연히 불안해지기 마련인데, 불안해하면서 그 메일이나 업무와는 관련이 없는 사람들까지 참조인으로 계속 추가해 심지어 100여 명에게 동시에 메일을 발송하는 경우도 보았습니다.

　　'혹시 내가 이 메일을 잘못 보내거나 내용에 오류가 있어도 이 중에 한 명이 정정해주거나 조정해주겠지……'

　　자신의 시간이 소중하듯 상대방의 시간도 소중하게 보장해주어야 합니다. 지금 우리 사회는 정보의 홍수이고 직장은 메일의 홍수라고 비유할 만큼 많은 메일이 오고 갑니다. 한 사람이 읽는 데 50초짜리 메일을 20명에게 송부했다면 당신이 1000초의 회사 시간을 사용한 셈입니다.

　　더군다나 그 메일에 두세 차례 회신이 오고 갔다면 그 시간은 엄청난 시간이 됩니다. 만일 그 20명 가운데 몇 명은 그 업무와 거의 무관하다고 가정한다면 그만큼의 시간은 회사와 개인 입장에서는 순수하게 손실이 될 수도 있기 때문입니다. 한 사람 한 사람이 메일을 간결하고 명쾌하게 작성하여 메일을 받는 사람으로 하여금 메일을 읽고 이해하는 데 드는 시간을 최소화하고, 불필요한 수신 또는 참조인들을 추가하지 않아 서로의 시간을 보호해주어야 합니다.

더욱이 그 업무 프로세스나 구조를 파악하기 어려운 외부 협력 업체나 외국 업체들과의 메일 수발신 시에는 특히 회사 내부보다 훨씬 더 많은 수신, 참조인들에게 생각 없이 메일을 보내기 쉽습니다. 누가 나와 핵심적 관계자focal point인지를 사전에 명확히 파악하여 우리 회사의 시간은 물론 상대방 회사와 그 구성원들의 시간 확보를 위한 노력 또한 필요합니다. 나와 회사 동료들의 시간을 불필요한 메일로 소모하면 안 되듯이, 협력업체들의 시간을 뺐으면 그만큼 당신이 요청한 업무나 작업의 완료 시기가 불가피하게 늦어지게 될 수도 있음을 항상 마음속에 담고 메일을 송부하기 바랍니다.

다섯 번째, 중요하고 어려운 메일의 회신일수록 바로 하지 말고 생각하는 시간을 가지십시오. 상대적으로 쉽거나 간단한 메일은 가급적 신속히 회신하거나 답을 주고 잊어버려야 하지만, 그 반대의 경우에는 신중한 단어 선택은 물론 어떠한 구도나 방향으로 회신할지를 충분히 고민해야 그나마 잘 정리되고 향후의 위험부담risk을 줄일 수가 있습니다. 나는 길을 걷거나 화장실에 가서도 그 고민을 했고, 메일 발송 전 반드시 워드로 그 내용을 옮겨서 오타 확인은 물론 단어 선택이나 문장 배열 등에 대해 최소 10번 정도는 반복해 읽었습니다. 또 정말 어려운 메일은 집에 가서도 생각하다가 좋은 구상이나 아이디어가 떠오르면 침대에 누워 있다가도 일어나 메모하고 그 다음날 그것을 활용하여 신중히 회신을 작성하기도 했습니다.

　10번을 다시 읽어보는 과정을 통해 메일은 더 간결하고 명확해지게 됩니다. 물론 처음에는 이러한 일련의 과정이나 반복해 읽고 워드로 옮겨서 확인하고 정정하는 시간들이 상당히 길게 느껴질 수도 있습니다. 하지만 조금 더 집중하고 지속적인 반복을 통해 습관화되는 어느 순간부터는 남들보다 더 빠르고 쉽게 수신자가 다음에 어떤 행동을 취해줄지가 명확하고 이해하기 쉬운 메일 작성이 가능해집니다. 다른 사람들은 하나의 메일을 작성하는 데 5분의 시간이 걸리는데 더 명쾌하고 이해하기 쉬운 메일을 3분 안에 작성하여 송부할 수 있다면, 엄청난 시간의 절감이 가능해지고 동시에 그 메일을 받는 수신, 참조인들의 시간도 지켜주는 효과를 가져옵니다. 그러면 당신의 메일은 상대방으로 하여금 스트레스와 부담을 주는 개봉하기 싫은 메일이 되지 않을 것입니다.

　여섯 번째, 메일의 제목도 꼭 신경 써서 적도록 하십시오. 대부분의 메일들이 처음에는 제목만 보면 개략적으로 그 메일이 어떠한 내용인지 또는 무슨 내용을 포함하고 있는지 식별이 가능하지만, 회신이 몇 번 오가면서 특히 "Re: Re: Re:"가 계속 붙으면서 제목만으로는 그 내용이나 현재 상황을 짐작하기가 어려워지는 경우를 많이 경험하게 됩니다.

　시간이 많거나 바쁘지 않을 때는 큰 문제가 없겠지만 바쁜 직장생활에서 그런 메일은 아무래도 관심의 정도가 떨어지게 되고 개봉도 후순위로 밀릴 수밖에 없습니다. 메일을 받는 상대에게 성의를 보이고 조금 더 신뢰를 받기 위해서, 회신을 하는 메일일지라도 자동적으로 붙게 되는 'Re:'나 'Fwd:' 대신에 짧게라도 고민하여 상징적인 단어나 문구로 제목에 의미를 부여하도록 하십시오. 당신이 원하는 행동이나 후속조치가 더 빨라지고 자신의 메일관리 및 히스토리history 파악에도 큰 도움이 될 것입니다.

일곱 번째, 내가 아닌 상대방 중심으로 메일을 작성하도록 노력하십시오. 사찰에서 스님들께서는 '묵언수행'이라는 것을 한다고 합니다. 말이란 너무 쉽게 생각 없이 내뱉어지고 그 와중에 자신도 모르게 실수를 할 수 있기 때문에 마음과 스스로를 침묵 속에서 생각하는 의미라고 합니다. 메일도 마찬가지입니다. 한번 메일이 발송되면 많은 사람들이 순식간에 읽게 되고 일부는 재전송이 되어 불특정 다수에게 계속 전달되어 잘못된 내용이나 오류를 정정하려고 해도 어느 정도 시간이 지나면 그것을 주워 담기가 상당히 어려운 경우가 종종 발생하게 됩니다.

메일을 작성하고 있는 당신은 해당 메일과 업무에 대해 충분히 파악한 뒤 지금 메일을 작성하고 있지만, 상당수의 수신 또는 참조인들은 그 업무나 메일에 대한 사전지식이나 배경이 없이 메일을 받게 될 수도 있습니다. 그럴 경우, 당신 중심으로만 작성된 메일을 받게 되는 상대방은 "도대체 무슨 이야기를 하는 거야?" " 왜 나한테 이런 메일을 보내는 거지?"라는 반응을 보이면서 불평을 하거나 혹은 당신이 그 메일을 보내면서 기대했던 지원이나 후속조치가 이루어지지 않을 수도 있습니다.

구구절절하게 과거 히스토리나 배경지식을 설명하라는 것이 아닙니다. 짧지만 상대방이 그 메일만으로도 쉽게 내용을 파악할 수 있고 당신이 무엇을 말하려 하는지, 수신인에게 무엇을 요청하고 있는지를 상대방의 입장에서 바라보고 고민하면서 작성해야 한다는 것입니다.

"상세는 첨부파일에 있으니 첨부를 보세요."라고 메일을 작성하기보다는 작성하는 사람이 조금 번거롭겠지만 간단히 한두 줄이라도 첨부물에 대해 설명하여 상대방의 이해를 돕도록 해야 합니다. 당신이 하루 종일 공들여 작성한 첨부파일을 어떤 사람들은 열어보지도 않고 넘어가버릴 수도 있음을 알아야 합니다. 따라서 지금부터라도 메일을 받는 사람의 입장에서 내용을 고민하고 작성하는 습관을 가지도록 꾸준히 노력하십시오.

여덟 번째, 항상 바쁘고 시간이 부족한 직장생활이지만 받은 메일은 반드시 당일에 회신하려는 노력과 습관을 가지도록 하십시오. 만일 당장 회신이 어렵고 추가 확인을 위한 시간이 필요한 메일이라면 최소한 "메일은 잘 받았고 내용 파악하여 조속히 회신 드리겠습니다."라고 당일에 회신할 것을 권합니다. 메일에 대한 회신은 직장인들의 일과이자 의무이며 상대방에 대한 배려이기도 합니다. 이러한 당신의 배려가 없으면 메일을 보낸 당사자는 그 회신이나 필요한 진행상황에 대해 궁금해하게 되고 때로는 조급한 마음도 생길 수밖에 없습니다.

직장은 절대 혼자 일하는 것이 아니고 그 일은 많은 사람들, 또 다른 많은 직장들과 연결되어 있습니다. 당신에게는 작고 사소한 메일일 수도 있지만 어떤 사람에게는 그 다음 업무로 넘어가기 위해 꼭 필요한 단계나 정보일 수가 있으니, 당신의 몸이 조금 피곤할지라도 반드시 당일에 받은 메일을 회신할 수 있도록 노력하십시오.

아홉 번째, 자신만의 메일 관리법을 가지고 있어야 합니다. 흔히 공부를 잘하는 학생, 수험생들은 자신들만의 노트 필기, 정리의 비법을 가지고 있다고 합니다. 다시 강조하지만 당신의 직업은 회사와 일이고, 그것을 위한 중요한 도구가 메일입니다.

일상에서도 각종 카톡, 문자, 전화 등으로 정신이 없지만 회사생활 또한 수많은 메일들과의 전쟁입니다. 더욱이 해외에 사업장이나 협력업체가 있는 회사의 경우, 당신이 퇴근하고 쉬는 동안 해외에서 날아오는 메일들로 다음날 아침이 되면 메일함이 가득 차 있고 그것을 읽느라고 정신 없게 됩니다. 시간이 충분하여 차근차근 하나씩 읽으면서 당신이 해야 할 일들을 정리하면 좋겠지만, 출근과 동시에 또 다른 메일들이 계속 접수되고 각종 회의를 참석하다 보면 일부 중요한 메일들이 메일함의 아래로 내려가면서 때로는 확인조차 하지 못하여 낭패를 보는 경우들도 종종 발생하게 됩니다.

일부 대기업들은 핸드폰에 모바일 시스템mobile system을 구축하여 평상시에도 메일과 결재가 가능하도록 되어 있지만, 작은 화면으로 장문의 메일이나 첨부자료들을 확인하기에는 그 한계가 따를 수밖에 없습니다. 따라서 수많은 메일들 가운데 어떤 메일을 확인했고 어떤 것들은 하지 않았는지, 어떤 메일을 다시 확인하고 회신 및 조치해야 하는지에 대해 자신만의 방법을 가지는 것이 좋은 성적을 내는 수험생들의 노트 비법처럼 당신에게 필요합니다. 그 비법이 남들보다 빠르고 효율적이라면 그만큼 업무에 있어 개선과 성과가 나타날 수 있습니다.

직장인인 당신은 학생들이 하교 후 집이나 학원에서 밤늦게까지 복습을 하는 것처럼 할 수는 없는 노릇이니, 가급적 하루의 중요 메일들은 퇴근 전에 정리하면서 우선순위를 정하고 다시 일주일 단위로 진도관리를 해야 합니다. 그래야만 누락되는 메일이 없게 되고 성과에 대한 모니터링이 가능해지고 스스로의 시간계획도 가능하게 됩니다.

메일이 상당히 빠르고 효율적인 업무수단인 것은 확실합니다. 하지만 문제는 누구나 이 수단을 가지고 있기 때문에 당신 스스로가 잘 컨트롤하지 못하면 그 수단이 오히려 무거운 짐이 되어 주체하지 못할 수도 있다는 사실입니다. 거창하고 복잡한 메일 관리법이 아닌, 자신 스스로에게 가장 편하고 최소한의 노력만이 필요한 방법을 찾아내고 실천하기 바랍니다.

마지막 열 번째는 메일을 보내지 말라는 것입니다. 메일을 보내지 말라? 당연히 황당한 말로 들리겠지만, 현재 우리들은 너무 SNS 나 카톡, 문자, 메일만 바라보고 살아갑니다. 사실 그것들을 통해 보여지는 글자나 사진은 수단에 불구하고 그 너머에는 사람과 그들과의 관계가 숨어 있는데, 정작 우리들은 그것은 잊고 수단에만 너무 빠져버려서 가장 중요한 사람을 만나서 대하는 법도 잊어버리는 것이 아닌가 생각될 정도입니다. 회사에서 보면 어떤 사람은 바로 옆 또는 근처에 동료가 앉아 있는데도 찾아가거나 만나서 이야기 하지 않고 메일을 보냅니다.

속도가 조금 더 느리고 당신의 소중한 시간을 조금 더 소모해야 할지도 모르지만, 가끔은 메일 창을 닫고 상대에게 찾아가서 이야기 하고 통화하는 여유를 가진 직장인이 되기 바랍니다.

1. 직장에서 메일은 당신의 일을 빠르고 편리하게 만들어주는 아주 유용한 도구이
   자 수단입니다.

2. 편지를 쓸 때 받는 사람을 머릿속으로 떠올리면서 쓰듯이 메일 또한 상대를 위
   해, 상대방이 편하게 일할 수 있도록 배려하는 마음으로 작성하고 사용해야 합
   니다.

3. 메일을 통해 상대방에게 숙제와 짐을 넘기는 것이 아니라 상대방이 더 빠르고
   쉽게 일할 수 있도록 만들어주어야 합니다.

15
아무도 알려주지 않는 일 잘하는 비법

어떤 사람이 일을 잘하는 사람이고 직장에서 성공하는 사람은 누구일까요? 직장인들의 꿈이고 별이라고 불리는 임원에 오르려면 어떻게 노력해야 가능할까요? 아마 모든 직장인들의 고민이 아닐까 생각됩니다. 나 또한 아직까지 고민하고 있는 부분이고 앞으로도 그 해답을 찾기 위해 노력해야 할 명제입니다.

회사에서 일을 잘하는 방법, 그 다양하고 많은 방법 중 가장 기본이 되면서도 반드시 실천해야 하는 것은 아마도 불필요한 일을 하지 않는 것, 불필요한 업무에 드는 시간을 자꾸 줄여 나가서 꼭 필요한 일에만 몰입하는 것이 아닐까 합니다.

누구에게나 주어진 시간은 24시간으로 한정이 되어 있고, 24시간 내내 일만 할 수도 없는 일입니다. 일부 대기업들의 경우 휴대폰을 통해 메일과 결재를 확인할 수 있는 모바일 시스템이 보급되어 있지만 24시간 내내 휴대폰만 볼 수는 없는 노릇이지요. 한정된 시간 속에서 바쁜 업무에 쫓기다 보면 생각할 시간이 점점 없어지는 것이 당연할 수도 있겠지만, 생각을 하지 않고는 일을 계획적이고 효율적으로 할 수 없게 됩니다.

상사들을 포함해 다른 사람이 시키는 일, 시키는 방향대로만 따라다니다 보면 그 결과는 자신의 것이 아닌 다른 사람들의 몫이 되어버릴 수도 있습니다. 더욱이 시간이 지나 유사한 일을 할 때조차 남이 하라는 대로만 했던 당신은 스스로 방법을 찾지 못하고 또 다른 누군가의 지시와 지침을 기다릴 수밖에 없게 됩니다. 그렇게 되면 업무능력의 계발과 향상을 기대하기란 더욱 어려워지게 됩니다.

당신 스스로가 고민하고 생각해 방향을 찾으려면 일에 치여 쫓길 것이 아니라 당신이 일과 시간을 최대한 자유자재로 통제, 조절할 수 있어야 합니다. 일이라는 것들이 당신의 컨트롤 아래Under control 놓여 있어야만 가능합니다.

축구 경기를 할 때 축구선수가 경기의 흐름을 읽지 못하고 공을 잘 다루지 못한다면 움직이는 공을 계속 따라만 다니다가 체력을 다 소모하게 됩니다. 직장은 당신에게 아주 커다란 축구 경기장과 같습니다. 회사라는 운동장에 계속 굴러다니는 공, 즉 일의 흐름과 상황을 파악하고 자신이 능수능란하게 드리블하고 헤딩하고 슛을 넣어야 합니다. 생각 없이 무작정 공만 쫓아다니기보다는 운동장 전체와 상대 선수들의 움직임을 관찰할 수 있는 여유와 호흡조절이 필요합니다. 그러려면 불필요한 움직임, 즉 불필요한 업무를 계속 줄여 나가야만 합니다.

60분이 걸리는 일을 A는 사전에 고민해 빠른 방법을 찾아서 55분에 하고, B는 생각 없이 시작했다가 이리저리 시행착오를 겪고 결국 65분이 걸렸다면 10분의 시간 차이가 발생하게 됩니다. 이러한 10분들이 하루 종일 누적된다면 A는 그 남는 시간만큼을 다른 고민과 기획에 투자하면서 더 어렵고 오래 걸리는 일들을 더 큰 차이로 앞당겨서 완료할 수가 있게 될 것입니다. 정신없이 서둘러서 일을 빨리 끝내는 것이 아니라 앞뒤의 관계를 잘 살피고 흐름을 읽어서 1분, 10분이라도 조금씩 단축해야만 또 다른 생각의 시간을 가질 수 있습니다. 이러한 절감, 단축의 노력을 당신의 습관으로 꼭 만들기 바랍니다.

또 다른 예를 들어보지요. 회사의 일이란 단순한 덧셈 뺄셈으로 구성된 일차방정식이 아니라 훨씬 더 복잡한 고차방정식입니다. 게다가 더 복잡하고 다른 사람 혹은 다른 부서와 의견을 교환하면서 함께 진행해야 할 경우가 더 많습니다. 그 복잡한 구성을 자꾸 단순화해서 불필요하거나 중요하지 않는 구성요소들을 제거해 나가야 합니다. 5일짜리 업무를 진행하는 데 있어 A는 10명과 회의를 5일 동안 매일 하고, B는 회의준비를 사전에 철저히 함으로써 3일만 회의를 해 두 사람 모두 5일째 업무를 마무리했다라고 가정합시다. B는 2번의 회의시간만큼 다른 업무나 전략을 수립할 시간을 가지게 됨은 물론이고, 동시에 함께한 10명의 팀원들에게도 동일한 시간과 업무의 기회를 제공한 것입니다.

너무 쉽고 단순한 방법이 아니냐고요? 맞습니다. 하지만 함께 하는 것이 아닌 혼자만 잘하는 것에 익숙한 사람들은 직장 내에서 자신도 모르게 많은 시간을 낭비하고 있는 것을 볼 수 있습니다. 가령 해외 업체에 영어 메일을 보내야 할 때, 어떤 사람은 영어 메일을 작성하는 데 너무 많은 시간을 사용합니다. 물론 비즈니스 영어나 문법에 맞는 올바른 영어 표현, 적절한 단어 선택이 중요한 것은 기본입니다.

하지만 당신이 지금 메일을 작성해 보내는 목적은 훌륭한 영작 솜씨를 뽐내려는 것이 아니라, 상대로부터 원하는 회신을 받거나 필요한 후속 업무를 제대로 진행하는 것입니다. 즉 표현이 조금 이상하더라도, 화려한 문장이 비록 아닐지라도 문제없이 일이 될 수 있게 할 정도의 영어 문장과 시간 투자면 충분하다는 것입니다.

지금부터 이러한 시간 절약, 일의 단순화와 효율화를 의도적으로 습관화할 것을 추천합니다. 내가 아는 임원 한 분은 말하는 시간도 단축하기 위해 입에 볼펜을 물고 빠르고 정확하게 말하는 훈련을 거의 1년간 했다고 합니다. 보통 사람들은 이러한 생각과 습관이 몸에 배지 않아 60분 걸리는 일은 당연히 60분을 사용하고, 5일짜리 업무는 당연히 매일같이 팀원들을 모아놓고 회의를 합니다. 당신의 어제 하루를 한번 뒤돌아보십시오.

'이러이러한 것들은 안 해도 되는 것이었는데', '이 부분은 굳이 모여서 회의할 필요가 없었는데', '이 일은 이렇게 했으면 더 빨리 끝낼 수도 있었는데'라고 생각되는 점이 있다면 다음에는 반복하지 않도록 꼭 머리와 몸에 새기고 필요하면 메모를 해 두도록 하십시오. 짧다고 여겨 무심히 낭비한 10분, 20분이 매일매일 쌓이면 엄청난 시간이 되고, 당신은 항상 시간이 모자라다는 핑계 아닌 핑계를 대다가 하루가 끝나버리게 됩니다.

회사에서 시간을 효과적으로 분배하고 성과와 효율을 극대화하기 위해서는 슬기롭게 하지 않아도 되는 일을 하지 않아야 합니다. 이렇게 시간을 잡아먹는 나쁜 습관들은 점점 줄어들고 시간을 아끼는 좋은 습관들이 많아질 때, 당신은 직장이라는 드넓은 운동장에서 지치지 않고 즐겁게 충분히 즐기면서 골이라는 업무성과를 달성할 수가 있을 것입니다.

일 잘하는 사람

첫째, 일을 잘하는 사람은 먼저 해야 할 일을 먼저 하는 사람입니다. 너무 당연한 이야기 같기도 하지만, 일부 사람들은 한정된 하루의 일과 시간 중에 한 가지 업무에만 너무 몰두하여 다른 일들은 전혀 처리하지를 못합니다. 그러다 보면 그 전날의 일들이 계속적으로 쌓여 일주일이 지나면 너무 많은 잔여 업무들로 주변은 살피지도 못하고 업무더미에 빠져서 헤어나지를 못합니다.

일을 잘하려면 다양하고 많은 업무들 가운데 그 우선순위를 잘 정해야 하고, 우선순위를 정할 때는 크게 다음의 두 가지를 기준으로 삼을 것을 권합니다. 하나는 간단한 업무로 잠깐의 시간만 투자하면 완료가 가능하여 상사에게 바로 보고하거나 다른 동료, 부서에게 바로 회신이 가능한 업무입니다. 다른 하나는 '수명受命 과제'라고도 불리는 직속상관이 요청한 중요한 업무일 것입니다. 이 두 가지 중 어느 것을 먼저 해야 하느냐는 상당히 어려운 결정이지만 나는 전자, 즉 간단한 업무부터 우선적으로 처리하라고 말하고 싶습니다. 그 이유는 자신에게는 간단한 업무이고 금방 끝낼 수 있을지라도 그 결과나 보고가 다른 사람에게는 아주 중요한 정보 또는 다른 중요 업무를 처리하기 위한 필수적 요소가 될 수도 있기 때문입니다.

회사 업무는 계곡의 물이 흘러가는 것과 같이 정보, 소통에 막힘이 없어야 합니다. 장애물로 계곡의 물길이 막히면 그 하류에 가뭄을 초래하게 되고, 반면에 물살이 강해지면 그 주변의 환경에 상처를 입힐 수도 있음을 명심해야 합니다. 항상 하던 일, 반복적으로 수행하는 업무를 잘한다고 해서 칭찬을 하는 사람은 없습니다. 하지만 남에게 해주어야 하는 피드백이 늦거나 그 질이 낮고 성의가 보이지 않는다면 그 사람에 대한 평가는 결코 좋을 수가 없을 것입니다.

둘째, 일을 잘하는 사람은 일이 많은 사람입니다. 단순히 업무의 양이 많은 사람이기보다는 긍정적이면서 밝게 일을 받고 즐기면서 수행하는 사람입니다. 보통 사람들은 자신에게 추가적인 일을 주면 싫은 표정을 지으면서 '내가 왜 이런 일까지 해야 하느냐'며 마음속으로 불만을 가지게 됩니다. 이심전심이라고 했던가요. 신기하게도 그런 감정은 실제 밖으로는 표현하지 않더라도 상대방 혹은 상사에게 느낌으로 전달됩니다. 그런 마음가짐을 가진 사람은 본인 스스로가 스트레스를 만들어내면서 마지못해 일을 하게 되어 그 결과물의 수준 또한 중간 이상을 기대하기가 어렵습니다.

반대로 일을 받는 것에 거부감이 없는 사람은 일을 주는 상대방에게 차근차근 신뢰와 믿음을 주게 되고, 새로운 일들을 하더라도 자기의 일이라고 생각하기 때문에 스스로 방향과 목표를 설정하게 되고, 진행 중에 막히거나 모르는 부분이 생기면 그것을 알고 극복하기 위해 자발적으로 노력합니다. 그런 과정 속에서 그 사람의 실력은 점점 커지고 긍정적인 시행착오와 다양한 사람들과의 교류, 대화를 통해 새로운 '관계'를 형성하고 확장해 나갑니다.

회사나 상사는 절대 일을 못 하는 사람, 불안한 사람에게는 일을 요청하지도 부탁하지도 않습니다. 그 일을 감당할 만한 자질이나 능력을 가진 사람에게만 일과 기회가 주어지는 것입니다. 특히 어렵고 중요한 일을 받는다는 것은 인정받고 있다는 것이니 나름대로 뿌듯해하고 즐길 줄 알아야 직장생활이 즐거워집니다.

모든 인생사가 그렇듯 경험만큼 소중한 자산은 없습니다. 어떤 일을 스스로 경험하고 처리해본 사람만이 그 본질과 속성을 파악하게 되고, 다음에 유사한 업무를 더 잘해낼 수 있는 능력을 가지게 되

며, 더욱이 훗날 다른 사람들을 지도하고 이끄는 리더십을 발휘할
수 있게 됩니다.

셋째, 일을 잘하는 사람은 혼자만 머리를 싸매고 열심히 하는
것이 아니라 주변 사람들과 조직, 특히 상사를 잘 활용할 줄 아는 사
람입니다. 일을 못하는 사람은 상사를 단순히 아군이 아닌 적군으로
만 생각하고 경계하는 자세로 거리를 멀리하려고만 자꾸 애쓰면서
자신이 아는 좁은 지식의 테두리 안에서만 일을 처리하려고 합니다.
하지만 일을 잘하는 사람은 상사를 본인에게 일을 시키는 사람으로
만 생각하지 않고 그와 같이 할 수 있는 방법, 더 나아가서 어떻게 효
율적으로 활용하여 지원이나 도움을 이끌어낼 수 있을지를 고민합
니다.

그렇다고 상사에게 딱 붙어서 그들의 권력과 지위만을 이용하
여 일을 손쉽게 할 궁리만 찾으라는 것은 절대 아닙니다. 상사를 활
용하되 다른 사람들에게 피해를 주지 않고 자신의 일, 짐을 떠넘기
는 것이 아니라 불필요한 시간의 낭비를 줄이고 양질의 정보에 닿
을 수 있도록 노력하라는 것입니다. 함께하면 강한 팀이 되어 긍정
적 시너지를 만들어내고 다 같이 성장할 수 있지만, 직장에서 개인
의 편의와 욕심만 추구하면 오합지졸이 되어 조직은 와해되고 개인
또한 발전하는 데 그 한계를 벗어날 수가 없습니다.

단순하지만 스마트한 회의문화

지루하게 긴 회의시간, 뻔한 내용만 계속되는 회의를 경험한 적이 있을 것이다. 유명한 다른 기업들의 지루한 회의를 개선하기 위한 노력을 소개한다.

'3.3.7 운동' 꼭 필요한 회의를 최대한 간소하게, 횟수를 줄이는 것

3가지 사고 Way of Thinking

1. 회의의 필요성을 자문한다.

2. 회의를 최대한 간소화한다.

3. 다른 회의와 통합하거나 위임할 수 있는 방법을 모색

3가지 원칙 Principles

1. 회의 없는 날 운영

2. 회의시간은 1시간 원칙, 최대 1시간 30분

3. 회의 기록은 한 장으로

7가지 지침 Rules

1. 시간 엄수

2. 회의 경비를 회의자료에 명시

3. 회의 참석자를 적임자나 담당자로 제한

4. 회의 목적 명확히

5. 회의자료 사전 배포

6. 참석자 전원 발언

7. 회의록은 결정된 사항만 기록 보관

'1.1.1. 캠페인' 회의시간을 1시간 이내로 단축하는 회의문화 캠페인

1. 회의자료는 최소한 1시간 전까지 공유

2. 회의시간은 1시간 이내

3. 회의결과는 1시간 이내 공유

'캔 미팅'

조직 구성원이 직급 구분 없이 회사와 떨어진 장소에서 수시로 현안에 대해 격의없이 자유롭게 논의

'포커스 미팅'

1단계. 어젠다 선택

2단계. 자료 준비

3단계. 회의 진행

4단계. 경영자의 의지로 성공

'2.2.2 미팅'

1. 부서별로 50여 개의 게시판을 운영, 시간과 장소에 구애받지 않는 온라인 토론문화

2. 회의시간의 효율성 향상과 신속한 의사결정을 위해 모든 회의를 15
   분 내에 끝내자는 운동 전개

3. 사전에 회의에 대한 내용을 숙지하고 짧고 강하게 회의를 진행하자.

'스탠딩 회의'

1. 서서 회의를 하면 회의시간도 짧아지고, 집중력이 높아지며, 다리에
   자극을 받아 두뇌 회전도 빨라지고, 조는 일이 없다.

2. 회의시간에 자료를 가지고 오는 것 금지

3. 3회 이상 발언하지 않으면 퇴실 명령

'개성 만점 컴퍼니 미팅'

정형화된 프레젠테이션 금지, 부서별로 연극이나 퀴즈, 인터뷰 등 독창
적인 발표

| **출처** 류한수, 「학이시습」 |

1. 시간에 대한 소중함과 가치는 더 이상 말할 필요가 없을 것입니다. 직장에서도 일과 시간을 당신 스스로가 예측하고 관리할 수가 있어야 합니다.

2. 운동장에서 열심히 뛰는 것만으로는 골을 넣을 수가 없습니다. 어떻게 일과 행동을 단순화, 효율화할 것인지 고민하고 불필요하거나 낭비되는 부분을 찾아내어 과감히 제거해야만 합니다.

16

보고―직장인의 의무이자 기회

학생들은 항상 선생님 뒷담화를 하고, 직장인들은 회식자리에서 팀장 혹은 선배들에 대한 불평을 술안주 삼습니다. 또 반대로 선생님들은 학생들에 대해, 직장 선배들은 후배 직원에 대해 아쉬운 점들을 자주 말하곤 합니다. 그렇다면 직장에서 아랫사람, 부하직원은 어떻게 해야 잘하는 것일까요? 어떤 부하직원이 훌륭한 직장인이고 상사들한테 인정받을 수 있을까요?

영화를 보면 '배트맨'은 알프레드라는 노련한 집사가 최신의 무기들과 옷에서부터 식사 준비와 같은 집안일까지 모든 것을 알아서 챙겨주기 때문에 악당을 물리치는 일에만 집중할 수가 있고, '아이언맨'의 토니 스타크는 인공지능 컴퓨터 자비스가 말 한 마디하면 모든 것을 조사해 눈앞에 바로 보여주기 때문에 적의 움직임을 빠르게 파악하고 대비할 수가 있습니다.

　물론 당신에게 알프레드나 자비스처럼 상사를 위해 모든 것들을 알아서 척척 해주어야 한다는 것은 아닙니다. 다만 직장의 중심은 나보다는 우리 그리고 조직과 회사이기 때문에 당신은 상사와 팀원들을 돕고 함께 최고의 성과를 창출하기 위해 노력을 해야 하는데, 나는 그 핵심에 보고報告가 있다고 생각합니다.

　보고, 그리고 보고서 작성에 관한 많은 책들이 시중에 나와 있기도 합니다. 여기서는 그러한 상세한 작성방법과 디테일보다는 보고에 대한 우리의 자세와 생각 그리고 타이밍에 대해 말하고자 합니다.

　아랫사람들의 많은 불만 중 하나는 자신의 상사가 일만 많이 시키고 중요한 결정을 빨리 하지 않아 일의 진도가 지체되고 상사를 위한 보고자료만 계속 작성해야 한다는 것입니다. 하지만 나중에 당신이 진급을 하고 매니저manager, 팀장, 임원이 되면 알겠지만 결정決定이라는 것은 항상 어렵고 갈등이 수반되기 마련입니다. 내가 어떤 결정을 한다는 것은 그 결정에 대한 책임을 져야 한다는 의미가 되고, 회사에서 책임을 진다는 것은 항상 비용적인 부분을 수반하기 때문에 어느 누구에게도 결정이란 쉽지가 않은 선택인 까닭입니다. 따라서 아랫사람들은 윗분들이 보다 쉽고 빠르게 결정을 내릴 수 있도록 최대한 도와주어야 할 의무가 있는 것입니다.

　"내가 여기까지 정리했으니 결정은 당신이 하세요."라는 식으로 단순히 책임을 회피하고 전가하는 태도가 아니라, "제가 여기까지 조사를 해보았더니 다음 단계step나 생각해볼 수 있는 대안으로는 이러이러한 것들이 있고, 그 각각에 대한 효과와 장단점들은 이러이러할 것으로 추정됩니다." 라고 말해보십시오.

그 사안에 대해 내용을 가장 많이 알고 있는 당신이 보고를 하면서 상사들에게 조금이라도 결정하기 쉽게 설명하고 방향도 제시할 의무가 있는 것입니다. 그렇다면 당신은 더 많은 준비와 노력을 하게 되고 마음 또한 한결 가벼워지면서 그 일은 더 이상 상사만의 일이 아닌 당신 자신의 일이 될 것입니다.

수많은 사실관계fact들을 충실히 잘 정리하는 것도 쉬운 일은 아니지만, 어쩌면 그것은 노력과 시간만 있으면 누구나 할 수 있는 일이고 보고일 수 있습니다. 취합하고 정리한 사실관계들을 잘 분석하고 각각에 의미를 부여한 의견이 당신의 보고서에 담겨야 더욱 훌륭한 보고서가 되고, 그 의미들이 수치와 그래프로 제시될 때 당신의 보고서는 100점짜리가 되는 것입니다. 물론 쉽게 100점짜리가 만들어지지는 않습니다. 그렇기 때문에 보통 사람들은 사실관계만 잘 정리해 보고하는 수준에서 그칩니다. 하지만 그럴 경우 보고받는 사람으로부터 그 의미를 묻는 질문과 코멘트가 나올 수가 있고, 당신은 다시 자리로 돌아와 밤새워 보고서를 다시 작성해야 할지도 모릅니다.

"이럴 바에는 차라리 내가 했지."

당신이 보고를 하는 자리에서 상사가 이렇게 말한다면 얼마나 속이 상할까요? 물론 속으로 그분 탓을 하면서 돌아서면 되겠지만,

한 가지 명심해야 할 것은 당신의 보고를 받는 상사도 보통의 경우 중간 간부급으로 그분들 또한 더 높은 상사한테 보고를 해야 한다는 사실입니다. 즉 좋은 보고, 좋은 보고서란 당신의 상사가 쉽게 이해하고 추가적인 수정 없이 바로 보고할 수 있을 정도의 수준이어야 합니다. 그러기 위해서는 보고서가 최종 결정권자의 눈높이와 거의 일치하는 수준이 되어야 합니다.

적절한 중간보고

내가 아는 후배 하나는 엄청 똑똑하고 일은 잘하는데 이상하게 평가는 그 능력에 비해 그다지 좋지가 않았습니다. 왜 그런가 한번 살펴보았더니, 그 친구는 자신에게 주어진 업무에 대해 너무 잘하고 싶은 마음이 강해 자기 스스로가 100% 만족할 만한 결과를 완성해 내기 전까지는 그 일에 대해 윗분들과 전혀 공유를 하지 않는 것이 었습니다. 따라서 그 일을 요청한 사람은 이렇게 말합니다.

"이 친구는 왜 이렇게 일을 오래 잡고 있어?"

"어떻게 할지 모르면 모른다고 해야지 저렇게 일을 쌓아만 두면 어쩌겠다는 거야?"

이렇게 걱정을 하다가 어느 정도 시간이 지나면 그 업무를 아예 다른 사람에게 시키는 것이었습니다. 그리고 그 후배는 자신이 노력하고 시간 투자한 일에 대해 제대로 보고도 한번 하지 못하고, 결과와 성과 또한 다른 사람의 몫으로 돌아가면서 상사의 평은 점점 부정적으로 변해가는 것이었습니다.

최종 결과물만큼 중요한 것이 중간보고라고 강조하고 싶습니다. 보통의 상사들은 본인이 지시한 일과 업무가 어떻게 진행되는지 지속적으로 듣기를 원합니다. 그러한 중간보고를 통해 일이 올바른 방향으로 진행되고 있는지, 혹시 연관 부서나 추가 인력을 투입해야 하는지를 판단할 수 있기 때문입니다.

아무리 최종 결과가 좋아도 끝에 터뜨리고 보고하는 것보다는 조금 모자라지만 적절히 중간중간 그 상황과 진행의 정도를 윗분한테 보고하고 내용을 공유하는 것이 훨씬 더 좋은 평가를 받을 수 있다는 것을 명심하십시오. 상사가 불러서 보고를 하면 하기 싫은 남의 일이 될 수도 있지만, 자신이 먼저 가서 물어보고 이야기하면 당신 자신의 일이 되는 것입니다.

여행을 준비할 때 친구, 가족들과는 중간중간 이야기를 많이 하면서 왜 직장이나 학교에서는 팀장이나 교수들과 충분히 상의를 하지 않나요? 중간보고도 보고라고 너무 딱딱하고 형식적일 필요는 전혀 없습니다. 잠깐 차를 마시는 시간, 식사나 다른 업무 협의를 위한 자투리 시간을 적절히 활용해 말해도 대부분의 상사들은 좋아하고 또 긍정적인 피드백을 받을 수 있을 것입니다.

너무 바쁘고 시간이 없어 중간보고를 하기가 어렵다고요? 그렇다면 한번쯤 늦게까지 작업을 한 뒤 늦은 밤 메일로 보고하는 것은 어떨까요? 몸은 조금 피곤하겠지만 그 메일로 당신은 상사에 대한 예의와 의무를 다함과 동시에 인정받을 수 있는 기회를 잡게 될지도 모릅니다. 『강력하고 간결한 한 장의 기획서The one page proposal』(패트릭 G. 라일리)라는 책도 있듯이 중간보고의 분량이 길 필요는 없습니다. 기업은 숫자로 대변된다고 했습니다. 상사가 듣고자 하는 답과 당신이 준비하고 있는 계획, 그리고 예상되는 값과 숫자들에 대해 당신이 얼마나 고민했는지를 표현하면 중간보고는 그것으로 충분합니다.

보고는 모든 직장인들의 어려운 의무이자 동시에 당신을 알릴 수 있는 좋은 기회이며 상사와의 소중한 소통수단입니다. 억지로 마지못해 의무를 수행하기보다는 충실하고 적절히 자발적으로 그 의무를 다하면서 그것을 통해 당신의 능력과 노력을 알리고 상사들과 가까워질 수 있는 기회로 만들 것을 권합니다. 또한 회사에서는 언제 누가 갑자기 어떤 보고를 요청할지 모르니, 자신의 업무와 관련된 중요 사항들을 꾸준히 정리하고 요약해 수첩에 들고 다니면 당황하지 않고 신속한 대응이 가능할 것입니다.

보고서 작성수준 평가표 report level test

구분	평가 항목	평가
생각하기 Thinking	보고서의 작성 배경과 목적을 사전에 파악한다	
	보고서의 작성 시 예상되는 답(결과)을 생각한다	
	보고서의 작성을 위한 과도한 자료수집은 하지 않는다	
	MECE, 로직트리, 5W3H의 개념에 대해 알고 있다	
프레임 설정하기 Framing	보고서의 작성을 위해 Key Question을 설정한다	
	스토리라인을 설정하고 보고서를 작성한다	
	보고서의 틀을 구체화하기 위해 스토리보드를 활용한다	
	보고서 논리설정을 위한 피라미드 구조를 알고 있다	
작성하기 Writing	사실에 기반을 두고 보고서를 작성한다	
	한 장의 슬라이드에 한 장의 메시지를 작성한다	
	모호한 표현(불필요한 형용사/부사)의 사용을 자제한다	
	문장은 짧고(2줄 이내) 명확하게(수동문/이중부정문/중복 단어 사용 자제) 작성한다	
	전문용어는 가능한 한 풀어서 쓰려고 한다	
	수치로 표현할 수 있는 것은 수치화한다	
	가능한 한 보고서 내용을 시각화한다	
	수치/단위/오탈자 등을 보고서 마무리 전에 수시로 확인한다	
전달하기 Delivering	TPO를 고려해 보고를 한다	
	보고를 위해 보고서 내용을 1페이지(요약본)로 작성한다	
	보고 시 예상질문 리스트를 만든다	
	보고 전에 전달력을 높이기 위해 스피치 연습을 한다	
총점		

| 출처 박경수, 『보고서의 신 』|

1. 보고는 직장인의 의무이자 상사에게 당신의 능력과 가치를 보여줄 수 있는 소중한 기회입니다.

2. 보고에 너무 인색하다 보면 또는 타성에 젖다 보면 상사와의 관계가 소홀해지면서 당신의 평가 또한 부정적으로 될 수가 있습니다. 적절한 중간보고를 통해 당신의 짐을 덜어내고 회사가 바라고 원하는 방향으로 일을 마무리할 수 있도록 노력해야 합니다.

17

해외 출장 가서 노는 방법

대학생, 신입사원들의 로망 중 하나는 아마도 캐리어를 끌고 해외 출장을 가는 모습에 대한 상상이 아닐까요? 공항에서 비행기 티켓을 보여주면서 체크인check-in을 하고, 해외 고객이나 업체 사람들과 영어로 미팅을 하는 모습을 많이들 상상하고 있을 겁니다. 그렇다면 정장도 멋있게 차려입고 평상시에는 잘 가지 못하는 해외나 지방까지 갔는데 내내 미팅만 하다가 돌아와야 할까요?

물론 회사에서 급여를 받고 더욱이 출장비에 항공사 마일리지까지 챙기게 되니 무조건 당신에게 주어진 미션과 목표는 완수하고 복귀해야 합니다. 그러나 미팅 시 아무리 영어를 유창하게 하고 프레젠테이션을 성공적으로 잘했더라도 양사가 최종적으로 서명을 해야 하는 계약서 작성이나 회의록 정리까지 출장기간 내에 마무리하는 것은 상당히 빠듯한 일정이기 마련입니다.

그럼 어떻게 하면 중요한 미팅을 빨리 그리고 성공적으로 끝내고 최대한 나의 자유시간을 확보할 수 있을까요? 계약서, 회의록을 출장 전에 미리 작성해서 들고 가는 게 답입니다.

미팅을 성공적으로 조속히 끝내는 방법, 전략과 전술에는 여러 가지가 있겠지만, 가장 중요하고 효과적인 것은 계약서 혹은 회의록을 사전에 작성하는 일입니다. 여기서 계약서, 회의록을 미리 작성한다는 의미는 단순히 사전에 타이핑한 것을 출력한다는 것이 아닙니다. 미팅 내용에 대해 충분히 숙지하고, 미팅의 시간대별 진행과정을 머릿속으로 충분히 시뮬레이션한 뒤 당신 또는 회사가 목표로 하는 성과물들을 명확히 정의한다는 것을 의미합니다. 미팅의 성격에 따라 천차만별이겠지만 가장 기본적인 준비과정과 작성방법은 다음과 같이 정리됩니다.

미팅 자료 준비와 진행전략

첫 번째, 미팅 주제에 대한 개략적 설명과 취지를 맨 처음에 기술해 미팅 초기 불필요한 질문이나 추가 설명 시간을 최소화합니다.

두 번째, 양사가 공감하고 합의하기 쉬운 항목들부터 순서대로 나열함으로써 가장 쟁점이 되고 합의 도출에 어려움이 예상되는 항목들의 협의시간을 후반부에 충분히 확보해야 합니다. 유사하게 당신에게 가장 중요한 것들을 뒤로 미루어 두고 조금이나마 상대 회사에게 유리한 항목들 위주로 시작함으로써 상대에게 당신에 대한 신뢰를 줄 수가 있고, 가장 중요한 항목에 대한 최종 협의 시 당신에게 유리한 방향으로 강하게 어필, 설득할 수 있는 분위기를 조성해야 합니다.

모든 미팅은 참석하는 당사자들이 함께 상생win-win되는 방향으로 진행되고 마무리되어야 합니다. 한 번의 미팅 성공이 영원한 승리가 될 수는 없습니다. 상대방 또는 상대 회사에게도 가능한 한 많은 성과와 혜택이 돌아가야 진정 성공한 미팅이 되기에 당신은 그 범위, 즉 무엇을 내주고 무엇을 얻어낼지를 사전에 회사의 관련 인사들과 충분히 협의하고 고민하여 기준을 정한 뒤 출장을 떠나야 합니다.

세 번째, 미팅 중간중간에 협의된 후속 행동이나 피드백이 필요한 항목들에 대해서는 반드시 누가 할지Action by와 함께 일정Due date을 기록해야 합니다. 미팅 시간이 조금 길어지더라도 이 두 가지에 대해 명확히 해놓아야 합니다. 그렇지 않으면 미팅이 끝나고 나중에 불필요한 재확인 시간이 필요하고 추가 논쟁으로 인해 유사한 미팅을 다시 해야 하는 불상사가 생길 수도 있기 때문입니다.

네 번째, 어려운 합의 혹은 당신이 꼭 달성해야 하는 사안들의 경우, 충분히 회사 관련 인사들과 사전에 협의해 회사의 이익이 확보되는 최적의 선택과 함께 양보할 수 있는 차선책, 옵션들까지도 준비해야 합니다. 다만 일부 옵션들은 회의록 본문에 미리 기록하는 것보다는 별도로 메모해 두었다가 협상이 원만하게 진행되지 못하거나 양사가 조금씩 양보해야 할 시점에 협상의 카드로 시도해볼 것을 권합니다. 다시 말해 계약서, 회의록에는 당신 또는 회사에게 가장 많은 이득을 가져올 수 있는 최적의 안들 위주로 사전에 기록해 두고, 협의를 해나가면서 차선책들을 하나씩 꺼내 당신이 상대방에게 양보하고 있다는 분위기를 심어주어야 미팅이 조금 더 원활하고 신속하게 진행되고 소기의 목적달성도 가능해집니다.

다섯 번째, 민감한 일부 내용들을 제외한 기본적인 계약서, 회의록 초안을 출발 전에 상대방에게 메일로 송부해 당신의 기본적인 회의진행 방향이나 합의점을 사전에 파악하도록 하면 미팅 시간을 단축할 수가 있습니다. 민감한 일부 내용들을 제외하라는 것은 그 항목들에 대해 상대방이 너무 많은 조사와 대비를 하게 되면 오히려 당신이 설득을 당하게 될 수도 있기 때문이고, 제외하지 않은 쉬운 항목들에만 상대가 집중하도록 유도하기 위함입니다.

여섯 번째, 출장지에 도착하기 전까지는 비행기 탑승을 대기하는 공항에서, 기내에서, 그리고 미팅 장소나 숙소로 이동하는 중에도 끊임없이 준비해 온 계약서, 회의록을 읽어 수정하고 전략을 끊임없이 머릿속에서 시뮬레이션하면서 필요한 부분을 추가로 메모하고 기록하기 바랍니다. 미팅은 얼마나 준비를 잘하느냐에 따라 그 성패가 좌우됩니다.

빨리 미팅을 끝내고 가벼운 마음으로 남은 시간을 즐기기 위해서 미팅이 시작되기 전까지는 당신이 준비할 수 있는 모든 것을 다 하기 바랍니다. 주변의 관광지도 둘러보고 맛있는 현지 음식이나 쇼핑을 마음껏 즐기는 것은 임무를 완료한 후로 미루십시오.

일곱 번째, 미팅 시에는 반드시 당신이 최종 계약서, 회의록을 작성하고 마무리하십시오. 일부 사람들은 "왜 우리가 귀찮게 회의록을 써야 하나?" "협력업체에게 써서 가져오라고 해라." "우리는 멀리서 와서 피곤하니 주체 측에서 쓰라고 해라."라고 하지만, 나는 반드시 당신의 손으로 쓰고 마무리까지 하기를 강력히 권합니다. 자신이 직접 작성하고 타이핑도 하면서 다시 한 번 미팅의 내용들이 자연스럽게 정리되는 것은 물론이고, 글이라는 것이 항상 쓰는 사람 위주로 그리고 쓰는 사람에게 유리하게 작성되기 때문입니다.

'팔은 안으로 굽는다'는 말이 있습니다. 계약서와 회의록 작성을 상대에게 미루는 것은 미팅 성공의 열쇠를 처음부터 상대 측에 넘기는 것과 같습니다. 또 일부 사람들은 미팅 시 계약서, MOM[Minutes of Meeting]을 화면에 띄워놓고 모든 사람들이 함께 보면서 진행하기도 합니다. 물론 이것도 양측의 오해 없이 명확하게 회의가 진행, 기록

된다는 장점도 있습니다. 하지만 많은 사람들이 같은 화면에서 내용을 보면서 각자의 위치에서 의견을 한 마디씩 다 말하기 때문에 오히려 미팅 시간이 길어지고 합의 도출이 어려워질 수도 있으므로 필요한 경우에만 활용하기 바랍니다.

여덟 번째, 미팅 자리를 떠나기 전 반드시 양사가 서명하여 복사본을 교환해야 합니다. 일부 사람들은 미팅 후 상사에게 보고 및 상의 후 서명본을 전달하겠다고 말합니다. 그럴 경우 미팅 후에도 불필요한 시간이 상당히 소요되어 후속 업무의 착수가 늦어지게 되고, 때로는 미팅 내용 자체에 대한 수정 요청이 있어 불필요한 협의를 다시 해야 할 경우가 비일비재합니다.

회의에 참석하는 상대방 인원들, 그리고 상대 회사 역시 해당 미팅에서 소기의 목적, 얻어내려는 성과물이 있기 때문에 미팅은 항상 어려울 수밖에 없고 갈등이 생기는 것이 당연합니다. 사전에 충분히 계약서 또는 MOM을 잘 준비하면 이러한 갈등을 최소화하고 협의시간을 단축하면서도 당신이 원하는 성과를 낼 수가 있습니다.

당신이 고민해 정리하고 기록한 순서와 항목들에 따라 미팅을 이끌어 가십시오. 장황한 부연설명보다는 가능한 한 단답식으로 진행하고 상대방에게 미리 준비해 온 시나리오대로 옵션을 선택하도록 유도해보십시오. 상대 측도 장황한 토론과 미팅보다는 짧지만 간단명료한 당신의 미팅 진행방식에 만족해할 것입니다.

또 하나 간단하지만 아주 중요한 팁을 준다면, 본회의 시작 전 상대 회사의 고위 임원top management과 짧지만 간단한 티 미팅tea meeting이라도 할 수 있도록 사전에 약속을 잡으라는 겁니다. 고위 임원들은 매일의 일정이 상당히 빡빡하게 선약되므로 당신이 충분한 시간적 여유를 가지고 노력해야 합니다. 하지만 그 짧은 미팅을 통해 당신의 격은 높아질 것이고, 미팅 분위기도 조금 더 유리한 방향으로 흘러가도록 하는 데 큰 도움이 될 것입니다. 미팅이 끝난 후에도 다시 한 번 그들을 찾아가서 감사하다는 인사를 건네면 해당 미팅에 대한 후속 진행은 물론 장기적 관점의 관계 유지에도 좋은 효과가 있을 것입니다.

미팅은 미팅 당일이 물론 중요하지만, 사전에 어떻게 준비하느냐에 따라 그 성패가 90% 이상 정해진다는 것을 다시 한 번 강조합니다. 준비한 만큼 양사에게 좋은 성과가 빨리 합의될 수 있고, 미팅이 빨리 마무리되는 만큼 당신은 물론 상대 측 회사도 곧바로 후속 업무에 착수하는 것이 가능해집니다. 시간이 없어 충분히 미팅 준비를 하지 못했다면 차라리 미팅 시간을 연기하거나 조정하십시오. 그것이 미팅에 참석하는 다수의 사람들에 대한 예의일뿐더러 준비되지 못한 미팅은 산만하고 시간이 오래 걸리며 좋은 결과를 도출하기가 어려워서 종종 결론 없이 다음 미팅의 날짜만 정하고 헤어지기도 합니다.

Please do hesitate to contact me if you have any queries

진정한 프로는 미팅의 내용뿐만 아니라 중간중간의 멘트, 심지어 미팅 간 휴식시간에 분위기 전환을 위한 음악과 동영상까지도 준비합니다. 내가 아는 선배 한 분은 외국인들과의 미팅 분위기를 부드럽게 하고 능숙하지 못한 영어speaking를 대비하기 위해 사전에 엄청난 노력과 준비를 합니다. 예를 들어보지오.

1. Please do hesitate to contact me if you have any queries.
2. Please do not hesitate to contact me if you have any queries.

그분은 1과 같이 말합니다. 당신도 잘 알겠지만 올바른 영어 표현은 2로, 미팅이나 프레젠테이션이 완료된 후 청중과 참석자들에게 던지는 말입니다. 그런데 1과 같이 말하면 대다수의 사람들은 그 황당함에 박장대소를 하게 되고, 미팅은 즐거운 분위기에서 마무리되어 후속 업무가 원만하게 되며, 그 자리에 참석했던 모든 사람이 아마도 그 말을 한 사람을 평생 잊지 못하고 기억할 것입니다.

또 다른 선배 한 분은 프레젠테이션을 준비하는데 그 발표자료, 보통 PPT 양식의 수정revision이 100번 이상으로 올라가기로 유명합니다. 최소한 발표하는 자료를 100번 이상 수정하고 업데이트했다는 것인데, 그 과정 속에서 얼마나 많은 고민과 노력 그리고 조사를 했을지 가히 짐작됩니다. 더욱이 100회 이상 수정된 자료를 가지고 남들보다 일찍 출근해 아무도 없는 사무실에서 소리 내어 발표 연습을 하는 것도 본 적이 있습니다. 그렇게 준비된 발표와 미팅 결과는 미팅 10분 전에 자료를 대충 훑어보고 참석한 미팅의 결과와는 아마 큰 차이가 있을 것입니다. 그분의 그러한 평상시 모습을 보는 주위 사람들은 그분에 대한 강한 신뢰를 가지고 미팅에 함께 몰입하고 또 노력할 것입니다.

그밖에 PPT 자료작성에 필요한 배경화면들이나 각종 양식, 아이콘, 도형들도 평상시에 꾸준히 모아 두면 분명히 나중에 유용하게 사용할 일이 생길 것이고, 조금은 유치하지만 미팅 분위기를 전환할 수 있는 재미난 이야기도 평상시 준비하는 당신이 되었으면 합니다. 타자나 필기의 속도도 평상시 반복적으로 연습해보십시오. 기자와 같은 수준은 아니더라도 남들보다 더 빨리 정확히 미팅 내용을 정리할 수 있다면 그만큼 당신의 시간을 확보하게 되는 것입니다.

'무한도전'이나 '1박 2일' 같은 인기 프로그램들의 출연자들이 즉흥적인 웃음과 감동을 연출하는 것도 물론 있겠지만, 그중 상당 부분은 아주 자연스럽고 치밀하게 사전에 준비되고 연습된 노력의 결과물들이 아닐까요?

1. 미팅은 당신이 준비하고 노력한 만큼 성과와 결과가 나오게 됩니다.

2. 미팅에서의 진정한 성공은 나, 우리 회사만이 아니라 상대방과 그 회사 모두가
웃으면서 서명할 수가 있어야 가능하게 됩니다.

18

제대로 갑질하기

야생의 세계는 약육강식이라는 하나의 원리로 정의되고 지배되는 곳입니다. 하지만 천적, 상위 단계의 포식자의 개체수가 너무 많아지면 결국에는 먹이사슬의 피라미드 구조가 무너지면서 모두가 다 멸종하고 맙니다. 회사도 마찬가지입니다. 훌륭한 사장, 팀장, 지시 내리는 사람, 갑만 있다고 한다면 절대 회사가 제대로 운영될 수 없습니다. 직장을 또 하나의 약육강식의 세계라고 생각하는 사람들이 많겠지만, 오히려 직장은 공생의 관계이며 서로가 서로를 의지하고 도우면서 조화를 이루는 것이 더욱 중요한 곳입니다.

기업 또한 홀로 존재하고 운영되는 것이 아니라, 회사끼리 서로 일을 요청하고 또 다시 요청을 받는 협력의 관계로 연결됩니다. 때문에 당신 그리고 당신의 회사가 아무리 일을 잘해도 새로운 주문을 받지 못하면 아무 의미가 없게 되고 동시에 협력업체의 물건, 부품, 성과물들의 품질이 좋지 못하고 약속된 시간에 납품되지 못하면 당신의 결과, 성과물 또한 불완전할 수밖에 없습니다. 이러한 점이 많은 기업들이 1차, 2차 협력업체들을 교육하고 재투자하는 이유이기도 합니다. 문제는 많이 개선되었다고는 하지만 아직까지도 갑과 을이라는 부당한 관계에 따라 일이 진행되고 결국은 그것이 다시 갑에게 피해를 가져온다는 것을 잘 인지하지 못하는 경우도 종종 찾아볼 수가 있습니다.

예를 들어보지요. 당신의 회사에서 100원짜리 제품을 만드는데 90원의 원가가 든다고 가정해봅시다. 꾸준히 10원의 이익을 내고 있었는데, 어느 날 갑자기 경쟁사에서 그 제품을 시장에 95원에 판매하기 시작했다면 100원짜리 제품은 더 이상 시장에서 가격 경쟁력이 없어지게 되고, 당신은 고민에 빠질 수밖에 없습니다. 5원의 이익만 남기고 동일한 제품을 95원에 팔거나, 원가를 85원으로 낮추는 노력을 해 기존의 이익 10원을 유지해야 하는 것입니다.

당신이라면 이 두 가지 중 어떤 결정을 내리겠습니까? 일부 회사가 하는 것처럼 협력업체들에게 당장 전화를 해 내일부터는 납품 원가를 85원에 맞추라고 반 강제적으로 윽박지르는 것이 올바른 선택일까요? 그럼 다시 그 1차 협력업체는 2차, 3차 협력업체들에게 유사한 전화를 걸어 동일한 요구를 하지는 않을까요? 그 2차, 3차 협력업체의 직원들도 한 집안의 가장이고, 당신의 선배이거나 후배, 동기일 수 있습니다.

직장생활은 단거리 경주가 아닌 장거리 마라톤과 같습니다. 조금 더딜 수 있으나 장기적으로 성공하는 직장인이 되려면 또 회사 내에서 꾸준히 인정받고 존경을 받기 위해서는 위와 같은 단순한 갑질보다는 그 협력업체의 보틀네크bottle neck나 애로사항은 무엇인지, 그리고 원가를 낮추기 위해서는 어떻게 함께 노력하고 개선해야 하는지를 먼저 고민했으면 합니다. 당신 스스로 일을 열심히 하는 것이 물론 중요하지만, 더 중요한 것은 당신을 둘러싼 주변 사람들 그리고 협력사들이 일을 더 잘하도록 도와주고 환경을 조성해주는 것입니다.

어떤 사람들은 적절한 보상 없이 시도 때도 없이 각종 보고서와 자료들을 협력사에게 요청하고, 갑자기 전화하여 장거리 출장과 방문을 아무렇지도 않게 요구합니다. 하지만 전체 업무의 흐름이나 그 메커니즘을 고려했을 때 협력업체의 한정된 인력과 시간, 에너지를 지나치게 자꾸 요청하고 소비하는 것은 결국에는 갑인 당신이 요청한 실제 업무나 제품들을 시간 안에 완료하는 데 오히려 장애가 될 수도 있음을 명심해야 합니다.

협력업체를 위해 그리고 결과적으로는 당신과 회사를 위해 상대방이 먼저 일을 할 수 있는 분위기를 만들어줄 것을 권합니다. 상대방이 먼저 일을 할 수 있게 하고, 상대방이 요청한 업무를 먼저 처리한 다음 자신의 업무를 하도록 하십시오. 당신이 회신이나 피드백 혹은 의사결정을 해주지 않으면 그 후속 업무는 그때까지 중단이 되어버리고 맙니다. 이해를 돕기 위해 간단한 수식으로 다시 정리하면 다음과 같습니다.

1. 순수 나의 업무에 1시간 소요 → 상대방에게 주어야 할 피드백에 30분 소요 → 상대방의 순수 업무에 1시간 소요
2. 상대방에게 주어야 할 피드백에 30분 소요 → 순수 나의 업무에 1시간 소요/상대방의 순수 업무에 1시간 소요

1번과 같이 당신한테 편한 순서대로 진행하면 최종 결과물이 완성되기까지 총 2시간 30분이 필요합니다. 하지만 당신이 상대방을 먼저 이해하고 양보하여 업무의 순서를 2번과 같이 조정한다면 1시간 30분 만에 상대방도 최종 결과물을 완료하고 내 순수 업무 또한 그 시간 내에 끝낼 수가 있게 됩니다. 더욱이 이러한 일련의 과정들과 시간적 절감이 반복된다면 그 상대방이나 협력업체는 다른 누구보다도 당신과 함께 일하기를 선호하게 될 것이고, 이러한 호감과 긍정적인 태도는 업무의 질 또한 향상시킬 수 있을 것입니다.

다시 강조하지만, 당신만 열심히 일하는 것보다는 어떻게 하면 많은 사람들이 함께 그리고 동시에 일을 진행할 수 있을까를 먼저 고민해야 합니다. 조금만 일의 순서를 조정해도 다 같이 시간절약을 할 수가 있고, 을이 잘하지 못하면 갑도 성공할 수가 없는 역학관계를 이해하고 있어야 합니다. 우리 경제를 다시 살리기 위해서는 작지만 강한 중소기업이 많이 나와야 한다고 합니다.

당신이 어느 곳에서 일하든 나에게 오더order를 주는 사람이 있고, 내가 오더를 내리는 사람이 있어 관계가 형성됩니다. 오더를 주는 사람이 최대한 성과를 내어 더 많은 오더를 받도록 지원해주어야 하고, 내가 내린 오더를 수행하는 사람이 더 빠르고 효과적으로 일할 수 있도록 분위기와 환경을 만들어주어야 관계된 모든 사람, 회사가 함께 발전할 수 있는 것입니다.

협력회사 사장님들이 최고급 승용차를 타야 하고, 삼성에 들어오면 그 회사 사장 차 옆에 주차할 수 있어야 한다. 우리의 움직임을 이해하고 준비하려면 삼성의 중역도 쉽게 접근할 수 없는 개발실까지 들어갈 수 있어야 한다.

— 이건희,『개혁 10년』

1. 갑과 을의 관계는 일과 시간, 장소에 따라 변하게 될뿐더러 을 역시 우리들의 소중한 이웃이고 친구, 동료입니다.

2. 진정한 갑이란 을의 상황을 먼저 이해하고 을이 어떻게 더 편하고 효율적으로 일할 수 있을까 고민하고 여건을 만들어주어야 합니다.

19
리더가 되기 위한 준비

'부장, 과장 계급장 다 뗀다.' 최근 삼성전자가 발표하고 2017년 3월부터 시행될 신인사제도의 일부입니다. 왜 삼성은 직급체계를 단순화하고 수평적 호칭문화를 만들고 회사에서 반바지를 입으라고 권하는 것일까요?

나는 이 책에서 제시하는 '직학'의 마지막으로 당신이 성장하고 진급해 올바른 리더, 상사가 되기 위한 마음가짐과 준비에 대한 것을 정리하려고 합니다.

가끔 회사 내 상사들이나 동료들이 이런 이야기를 합니다.

"요즘 신입사원들은 생각이 너무 달라."

"나 때는 이 정도까지 이렇게 했는데 요즘 사람들은 참……."

"내가 회의 때 이렇게 하라고 지시했었나? 요즘 젊은 친구들은 왜 이렇게 말을 못 알아듣지?"

고대 메소포타미아 수메르 점토판에도, 이집트 피라미드 내벽에도, 고대 그리스의 철학자 소크라테스가 남긴 글에도 비슷한 말이 쓰여 있습니다.

'요즘 젊은이들은 버릇이 없어.'

어떤 과제나 프로젝트의 성과가 좋지 못할 경우에 "우리 팀원들의 구성이 조금 약해서……", "내 부하직원들의 능력이 아직 이것밖에 되지 못해서……"라고 말하는 상사들도 종종 보게 됩니다. 하지만 나는 그 팀, 그 부서 그리고 그 직원들의 능력과 성과는 다름 아닌 리더의 자세와 능력에 달렸다고 생각합니다.

부하직원의 능력과 성과 = 리더의 능력.

수많은 사람들의 생김새가 서로 다르듯 사람들의 성격도 모두 다릅니다. 회사의 직원들, 선후배 모두 각자가 잘하는 분야가 있는가 하면 조금 부족한 분야가 있을 수밖에 없습니다. 어떤 사람은 팀 내 분위기를 밝게 만드는 재주가 있는가 하면 일의 정리나 마무리가 조금 부족할 수도 있고, 어떤 직원은 말이 조금 어눌하고 붙임성이 부족하지만 주어진 업무의 파악이 빠르고 문서의 정리를 훌륭하게 하는 능력을 가지고 있을 수도 있습니다.

이렇게 다양한 개개인들의 장단점과 끼, 성격을 평상시에 세심하게 파악하는 것이, 그리고 새로운 구성원에 대해 재빨리 파악해 적응하도록 도와주는 것이 리더와 상사가 가져야 할 마음가짐이고 능력이고 책임이라고 생각합니다.

개인별로 다른 색깔을 가진 직원들에게 동일한 방식으로 대화하고 지도하는 것은 리더로서의 책임을 다하는 것이 아닙니다. 그냥 알아서 빨리 잘하라고 다그치는 것이 아닌, 부하직원들이 자신의 능력을 100% 이상 발휘할 수 있도록 환경을 조성해주고, 보틀네크가 어디인지를 파악해 물길을 터주는 것이 리더가 해야 할 가장 중요한 덕목과 책임입니다. 그렇게 도와줌으로써 부하직원, 동료들이 매일매일의 업무에서 성취감을 느낄 수 있도록 해주어야 합니다.

부하직원을 탓하지 말고 다른 부서와 그 직원들에게 한눈을 팔지 마십시오. 리더인 자신이 먼저 반성하면서 돌아보아야 하고, 리더가 솔선수범하면 아랫사람들은 자동적으로 따라오게 되어 있습니다. 자신의 과거를 자랑하기보다는 회식 후 밤늦게 귀가하는 후배에게 조용히 택시비를 챙겨주십시오. 왜 나하고 점심을 같이 먹지 않느냐고 화내지 말고 회의시간에 그 사람을 칭찬해주고 자존심을 살려주십시오.

급수부터가 다른 당신의 후배에게 이기려 하지 말고 다른 사람들이 당신의 동료, 후배들을 불필요하게 공격할 때 보호해주고 방어해주십시오. 그것이 리더가 해야 할 일이고, 당신이 그러한 모습을 보여주면 자연스럽게 동료와 후배들이 당신과 회사를 위해 더 기꺼이 열정적으로 일하려고 노력할 것입니다.

정상적이고 건강한 직장이라면 직급이나 위치가 올라갈수록 더 많은 고민과 어려운 업무에 부딪히게 되는 것이 당연합니다. 그러한 고민과 어려움을 아래 직원들에게 전가하지 말고 당연한 것으로 긍정적으로 받아들여야 합니다. 그래서 당신에게 간부라는 명예와 직책이 주어지고 연봉도 높아진 것입니다.

직장에서 가장 경계해야 하는 것이 무엇일까요? 많은 문제들이 있겠지만 가장 중요한 하나가 '적당주의 문화'와 수동적 사람을 만드는 분위기일 것이고, 그 원인의 상당 부분은 리더에게 있다고 생각합니다.

"이건 회사의 일이지 내 문제는 아니야."

"손해를 봐도 회사가 보겠지 내가 보나."

"이 정도만 하고 난 그냥 월급만 받으면 되지."

서커스의 아기 코끼리는 도망가지 못하도록 다리를 쇠사슬로 묶어놓는다고 합니다. 그 아기 코끼리는 자라면서 아무리 자기가 도망가려 해도 다리에 묶인 쇠사슬 때문에 도망갈 수 없다는 것을 학습하게 되고, 다 성장해 어른 코끼리가 되면 그러한 무기력에 빠져 쇠사슬을 풀어놓아도 도망갈 생각조차 하지 않는다고 합니다. 당신의 주변 동료, 후배, 협력업체들을 그렇게 길들이면 안 됩니다. "우리 팀장님은 내가 아무리 좋은 아이디어를 내도 귀담아 들어주시지를 않으셔."라고 느끼는 순간 그 팀, 그 회사의 발전 속도는 점점 느려지고 성장은 후퇴합니다.

리더가 업무와 관련된 모든 것들을 챙기면서 잘하는 것도 물론 중요하지만, 그것보다는 믿을 수 있는 자신의 분신들을 회사 내부와 외부에 많이 만들어 함께 그리고 동시에 일을 하면 그 속도와 생산성은 훨씬 뛰어나고 효과적이 될 것입니다.

주변의 의견들을 귀담아 들어주고 그것을 추진한다고 해서 리더의 능력이 절대로 평가절하되지는 않습니다. 오히려 참신한 아이디어를 잘 경청하고 발전시켜 실현 가능하도록 만듦으로써 당신의 상사 혹은 리더로서의 능력은 더욱 인정받게 될 것입니다. 회의 때 용감히 의견을 제시한 동료, 후배들을 절대로 왕따로 만드는 실수를 범하지 마십시오. 그 이상한 놈을 어떻게 영웅으로 만들까 고민하는 것이 리더이고 당신이 해야 할 일입니다. 왜 당신의 말을 듣지 않느냐고 불평하기 전에 당신이 리더로서 얼마나 좋은 모습들을 평상시에 보여주었는지 뒤돌아보는 시간을 갖기를 권합니다.

긍정적인 생각은 불가능한 것도 가능하게 만들 수 있지만, 부정적인 생각은 가능한 것도 불가능하게 만들고 사람을 움츠러들게 합니다. 직장에서 직원들의 생각, 마음가짐은 상사, 리더의 태도나 언행에 따라 많은 영향을 받을 수밖에 없습니다.

물론 직장 내에서 적절한 긴장은 도움이 되지만 아랫사람들이 지나치게 경직되어 있으면 자유로운 사고를 방해하게 되고 상사의 눈치만 보면서 행동을 하게 되는 경우가 많습니다. 상사라는 권력과 지위만으로는 사람들의 진심과 자발적인 공감을 절대 얻을 수가 없습니다. 또 어떤 사람은 오히려 그냥 놔두면 자기동기화self-motivating되어 스스로 알아서 고민하고 일을 치고 나가지만, 상사가 지나치게

조직 내 침묵현상Organizational Silence

조직 내 침묵현상이란 리더 혼자 이야기를 하고 구성원들은 조용히 듣고만 있는 현상을 말한다. 직장에서 우리는 구성원들의 침묵현상을 어렵지 않게 찾아볼 수 있는데, 이를 '으레 그런 것'이라고 대수롭지 않게 여겨서는 곤란하다. 그러기에는 침묵의 폐해가 상당히 심각하기 때문이다. 침묵은 구성원 간 아이디어 교류를 차단시킴으로써 협력을 통한 창조적 결과 창출을 어렵게 만든다. 또한 리더의 계획이나 의도가 부하직원에게 명확히 전달되지 못하게 하여 실행이 잘못 일어나게 할 뿐 아니라 냉소주의 만연이라는 문제도 발생시킨다. 그렇다면 구성원들이 왜 입을 다물게 되는 것일까? 구성원 침묵의 원인은 다음과 같이 크게 다섯 가지로 요약해볼 수 있다. 침묵을 깨고 커뮤니케이션을 활성화하기 위해서는 우선 리더의 노력이 선행되어야 한다.

1. 감정 손상이나 스트레스에 대한 회피
2. 말을 해봤자 반영되지도 않는다는 무기력감
3. 소신 있게 이야기했다가 왕따가 될 것 같은 두려움
4. 괜히 틀렸다가 리더에게 부정적 평가를 받을 것에 대한 두려움
5. 윗사람에 대한 복종과 침묵이 미덕이라고 여겨졌던 사회문화적 특성

| 출처 LG Business insight 2008. 12. 3 |

지적하고 지시하면 그 일에 흥미를 잃어 상사의 지시만 기다리다가 결국에는 최적 시기를 놓쳐버리고 맙니다. 이것이 긍정의 힘입니다. 리더는 후배들과 조직을 긍정적으로 만들어야 할 책임과 의무가 있습니다.

가끔은 깐깐한 사람이 되는 것도 권합니다. 다른 사람의 보고만 듣는 것이 아니라 직접 가서 당신의 눈으로 보고 가끔은 전화를 걸어 확인해보십시오. 그들을 믿지 못해서가 아니라 당신이 발 벗고 직접 확인하면 그다음의 요청에 대해 더 긴장하고 자연스럽게 더 열심히 하게 만드는 효과가 있을 것입니다. 개인의 사리사욕이 없는 건강한 자극은 조직과 회사에 활기를 불어넣을 수 있습니다.

결정의 미학美學

앞에서 직급이 올라갈수록 더 많은 고민과 어려움에 맞닥뜨리게 된다고 했는데, 그 고민의 대부분은 의사결정decision making을 해야 하기 때문일 것입니다. 회의 중 수많은 의견들을 그 중요도 및 실현 가능성에 따라 분별해내고 최종적으로 하나의 방안으로 통일시켜 추진해 나가야 하고, 수많은 결재들과 보고서들을 최대한 빨리 읽어 신속히 검토해 결정을 내려야 하기 때문입니다. 리더가 결정을 내리지 않으면 지루한 회의는 계속되고, 결정을 돕기 위한 보강 자료들을 계속 작성해야 합니다. 그 시간이 길면 길수록 아래 직원들, 팀원들로부터 리더십을 점점 잃게 됩니다. 한정된 자료들을 가지고 정확하고 빠른 결정을 내렸을 때 관련 사람들의 부가적인 업무를 줄이게 되는 동시에 리더는 존경과 신뢰를 받을 수가 있을 것입니다. 따라서 나는 결정을 내리는 것은 미학이라고 표현하고 싶습니다.

오케스트라의 지휘자에 맞추어 다양한 악기들이 아름다운 하모니를 만들어내는 것처럼, 리더의 결정에 따라 회사의 많은 인력과 자원·재원Resource이 하나의 방향으로 함께 움직이게 됩니다. 올바르고 정확한 결정일수록 그것이 가져다주는 효과와 결과물은 크고 좋을 수밖에 없습니다. 따라서 지금부터 당신만의 방안을 모색하고 머릿속으로 결정을 내리는 습관을 갖기를 추천합니다. 작은 과제라도, 소규모의 회의석상에서도 스스로 의견들을 정리하고 올바른 해결책과 결론을 찾는 것을 팀장, 임원이 되기 전부터 꾸준히 연습해야 합니다. 또 아직 경험은 부족하지만 당신이 찾아낸 해결책들을 윗분들한테 자꾸 제안하는 노력도 해보십시오. 그러한 과정 속에서 당신의 생각하는 방식이 더욱 논리적이고 세련되게 발전해 나갈 것입니다.

사람은 하루에 보통 200여 개의 결정을 한다고 합니다. 당신이 모르는 사이에도 '밥은 무엇을 먹을까?' '얼굴부터 씻을까 양치부터 할까?' 등의 다양한 결정을 하게 되는데, 이러한 평상시에 무심코 하는 결정들도 한 번씩 곰곰이 생각해 논리적으로 분석해보는 습관을 갖도록 하십시오.

결정을 남보다 1초라도 빨리 할 수 있도록 노력해보십시오. 'Right time decision making is more important than right decision making.'이란 말이 있습니다. 완벽하고 정확한 의사결정이 물론 중요하지만, 그보다 더 중요한 것은 조금 부족하더라도 적절한 시기에 결정을 내리는 것입니다. 다시 말해 너무 고민만 하다가 시간이 지나가면 아무리 좋은 결정이라도 그 의미가 사라진다는 의미입니다. 10여 초를 달리는 100미터 달리기는 피나는 노력에 의해 우리가 인지할 수조차 없는 0.1초씩 단축이 되는 것입니다.

지금부터 결정하는 연습을 하면 그것이 점점 당신의 능력과 실력으로 쌓이게 됩니다. 실력 있는 사람의 빠른 결정은 많은 사람들의 일을 줄여주어 그만큼 다른 업무에 투자할 수 있는 시간을 확보해주는 선순환 구조를 가져오게 될 것입니다.

이밖에도 리더가 가져야 할 덕목이나 능력은 무궁무진할지도 모릅니다. 지금부터, 그리고 당신이 리더가 될 때까지 느끼고 배운 것들을 교훈으로 삼아 회사에는 성과로 기여하고 동시에 직원들에게는 행복감, 열정, 도전정신을 심어줄 수 있는 존경받는 리더가 되기를 희망합니다.

리더가 갖춰야 할 10가지 덕목

1. **명기**明己는 자신을 밝고 투명하게 한다는 뜻이다. 리더가 갖춰야 할 덕목의 출발점이자 종착점이다. 주위를 보면 일을 성취하고 그 공을 자신이 차지하려는 리더가 적지 않다.

2. **위공**委功은 공로를 실질적으로 아랫사람들에게 나눠주고 리더 자신이 차지하지 않는 것을 말한다. 위공은 쉽지 않은 경지다. 따라서 명기가 전제되어야 한다.

3. **납간**納諫에서 '납'은 받아들인다는 뜻이며, '간'은 바른말로 권한다는 뜻이다. 즉 직언하면 받아들인다는 의미다. 기록에 의하면 납간의 역사는 전설 속 오제五帝 시대까지 거슬러 올라간다. 요 임금은 납간은 물론 자신의 의견을 과감하게 버리면서까지 신하의 의견을 받아들였다.

4. **석원**釋怨은 묵은 감정, 원망, 원한을 풀어 관계를 화목하게 하고 조직을 단결시킨다는 의미다. 나아가 재능 있는 원수나 원수 집안의 사람을 기용함으로써 인재를 감화시키고 리더를 위해 힘을 다하게 한다.

5. **양현**讓賢은 자신의 직위를 자기보다 더 적합한 인재에게 양보한다는

뜻이다. 양현의 특징은 양보하는 사람의 '공심公心'에 있다. 사사로운 감정과 욕심을 버리고 백성과 나라를 위하는 마음이 공심이다. 공자는 윗사람들이 양현을 중시하고 앞장서면 겸양 도가 일어나 아랫사람들이 다투지 않는다고 말한다.

6. **예禮**는 마음을 겉으로 드러내는 행위다. 곧 마음의 표현이다. '예존禮尊'은 '예현존능禮賢尊能'의 줄임말로, '예를 다해 유능한 인재를 존중한다'는 의미다. 『예기 월령편』에는 천자가 천하를 순시하면서 제후들을 격려하는 한편 인재들을 예로 모셨다는 기록이 있다.

7. **문병조휼**問病弔恤은 제왕이 병든 신하를 찾아 위문하거나 신하의 죽음에 애도를 표시하는 것을 말한다. 문병조휼은 전설傳說 시대부터 기록에 나타나며, 생로병사는 인류 출현과 함께했기 때문에 일찍부터 믿을 만한 방법으로 인식되었다.

8. **시관**試官은 시험관, 즉 '고시를 주관하는 관리'를 가리키는 용어다. '시'가 동사로 활용될 때는 정식으로 임명되지 않고 임용을 기다리는 관리에 대한 시험을 뜻한다. 역사적으로 유능한 인재를 구하는 방법으로 시관은 효과적이다. 그래서 예로부터 '사람과 자리가 어울리게

하려면 시관 만한 방법이 없다'고 한 것이다.

9. 포양(褒揚)은 인재를 다양한 방법으로 드러내놓고 칭찬함으로써 격려하는 방법이다. 선행과 공을 공개적으로 표창하는 것은 인재를 자극, 격려하는 좋은 방법이다. 포양은 정신적 격려의 원이며, 더 큰 효력을 발휘하려면 물질적 보상이 함께 따라야 한다.

10. 인재를 구하고 기용하는 일에서 벌은 가능한 한 가볍게 주라고 말한다. **경벌**(輕罰)의 원칙이다. 다시 잘못을 범하지 않겠다는 결심을 이끌어내고 나아가 관용을 베푼 사람에게 몸과 마음으로 보답하게 하는 것이 경벌에 내재된 의미다.

| **출처** 김영수, 『위인』 |

1. 존경받는 리더는 부하직원들이 그들의 능력을 최대한 발휘할 수 있도록 도와주고 장애물을 사전에 제거해주는 사람입니다.

2. 리더는 빠르고 정확한 결정으로 평가받게 되고, 올바른 결정을 만들어내는 과정은 많은 인내와 노력 그리고 조화가 필요합니다.

20
에필로그

우리는 누구나 성공적인 직장생활과 그것을 통한 안정적이고 윤택한 가정생활을 꿈꾸며 살아갑니다. 하지만 진짜 현실 속에서는 그 주객이 전도되어 직장과 일에 쫓기고 치이다 보면 우리의 최종 목적과 꿈인 나와 가족의 행복은 잠시 망각하게 되고 다람쥐 쳇바퀴 돌듯이 출근하고 직장과 일에 길들여지고 빠져들어 버리고 맙니다.

직학, 이 책은 뒤늦게 발견하게 되는 이러한 자신의 모습과 그 속에서 마주치게 되는 갈등과 후회들을 조금이나마 먼저 알고 준비하고 올바르게 행동함으로써 최소화하기 위해 시작되었습니다.

세상의 모든 것들은 사람이 만들어낸 것이고 사람으로 구성되고 움직이게 되며, 직장 또한 마찬가지입니다. 우리가 직장생활이 힘들다고 하는 것은 그만큼 우리가 알지 못했고 준비하거나 대비하지 못했던 이유일 것이고, 충분히 알고 습관화하면 직장 또한 우리가 즐길 수 있는 또 하나의 놀이터가 될 수 있다고 확신합니다. 그 근본을 알면 대처방안을 찾을 수 있게 되고, 상대를 정성과 애정으로 대하고 배려하다 보면 그들 또한 나의 가족이고 친구가 될 수가 있습니다.

주말이 기다려지고 가족과 행복한 휴가를 즐기는 것이 가능한 것은 그만큼 당신이 열심히 일한 대가이고 보상입니다. 직장을 떠나는 것을 꿈꾸기도 하지만, 직장이란 울타리가 있기 때문에 우리가 자유롭게 뛰어다닐 수가 있고 생각보다 보호를 받는 것도 많다는 것을 당신도 잘 알고 있을 것입니다.

직장이 힘들고 해야 할 일이 많은 것도 사실이지만, 반대로 당신이 노력한 만큼 성과와 보상은 따라오게 되어 있습니다. 그렇다면 이제 남은 것은 일 자체만을 목표로 바라보고 달려가는 것이 아니라 그 안에서 당신이 어떤 의미를 부여하고 일을 통해 우리 사회에 어떻게 기여하고 봉사할지를 찾아내는 것입니다. 의미와 꿈, 행복은 당신의 몫입니다.

이 책은 그것을 찾아내는 데 장애물이 되는 것들에 대해 어떻게 바라보고 슬기롭게 극복할 수 있을지 그 방법을 일부나마 알려줌으로써 당신이 중간에 포기하지 않고 끝까지 완주할 수 있도록 도와주는 역할을 할 뿐입니다.

우리는 자랑스러운 대한민국의 직장인입니다. 우리가 노력하여 수출을 하고 벌어들인 외화로 우리 경제가 발전해 나감으로써 우리 사회와 이웃들이 더욱 행복한 삶을 영위하는 것이 가능해집니다. 직장에서 열심히 일하는 당신을 바라보며 우리의 가족들은 언제나 당신에게 감사해하고 당신을 존경하고 있습니다. 오늘도 자신을 희생하며 나와 많은 사람들의 꿈과 행복을 위해 열심히 뛰고 있는 모든 직장인들을 응원하면서 이 책을 마무리합니다.

직장인, 파이팅~!

직학

2016년 9월 5일 초판 1쇄 발행
–
지은이 | 강경철
펴낸이 | 김남길
–
펴낸곳 | 프레너미
등록번호 | 제387-251002015000054호
등록일자 | 2015년 6월 22일
주소 | 경기도 부천시 원미구 계남로 144, 532동 1301호
전화 | 070-8817-5359
팩스 | 02-6919-1444
ISBN 979-11-87383-03-1 03320
–

프레너미는 친구를 뜻하는 "프렌드(friend)"와 적(敵)을 의미하는 "에너미(enemy)"를 결합해 만든 말입니다. 급변하는 세상속에서 저자, 출판사 그리고 콘텐츠를 만들고 소비하는 모든 주체가 서로 협업하고 공유하고 경쟁해야 한다는 뜻을 가지고 있습니다.
프레너미는 독자를 위한 책, 독자가 원하는 책, 독자가 읽으면 유익한 책을 만듭니다.
프레너미는 독자 여러분의 책에 관한 제안, 의견, 원고를 소중히 생각합니다. 다양한 제안이나 원고를 책으로 엮기 원하시는 분은 frenemy01@naver.com으로 보내주세요. 원고가 책으로 엮이고 독자에게 알려져 빛날 수 있게 되기를 희망합니다.